Kurt Meissner

Vom Menschen aus

Begegnungen und Erfahrungen
aus sieben Jahrzehnten

dipa-Verlag

Die Deutsche Bibliothek – CIP-Einheitsaufnahme

Meissner, Kurt:

Vom Menschen aus : Begegnungen und Erfahrungen aus sieben
Jahrzehnten / Kurt Meissner. – Frankfurt am Main : dipa-Verl.,
1995
   ISBN 3-7638-0363-7

© dipa-Verlag GmbH, Frankfurt am Main
Lektorat: Gerd Hofmann / Detlef Oppermann
Druck und Bindung: Fuldaer Verlagsanstalt
Printed in Germany

ISBN 3-7638-0363-7

Inhalt

Vorwort von Rita Süssmuth 7

Präludium und Fuge – Kiel und Schleswig-Holstein 9
Frühe Erfahrungen 14
Studium 30
Kulturelle und politische Erfahrungen 40
Erste Versuche in der Erwachsenenbildung 47
Verantwortungsvolle Aufgaben 59
Medien 80
Organisationen und Verbände 91
Fremde Länder, fremde Freunde, fremde Erfahrungen 104
Kirche und Glauben 135
Personen – Theorien – Themen 143

Nachwort von Dieter Sauberzweig 167

Vorwort

Theorie und Praxis miteinander zu verbinden, nehmen sich viele vor, die nach Studium und Promotion den Weg in den Beruf gefunden haben – zumal wenn dieser Weg in die Erwachsenenbildung mündet. Dem selbstgestellten Anspruch zu genügen, erweist sich freilich oft als schwieriger als vermutet. Und wenn sich dabei zugleich persönliches Engagement mit individuellen Interessen, öffentlichen Anforderungen und bildungspolitischen Bemühungen verbinden, ist offen, wie sich die Entwicklung eines Lebens vollzieht, das von Bildung geprägt, von Volkshochschularbeit und der Vielfalt eines Engagements gekennzeichnet ist, das den Bildungsbereich ebenso wie die evangelische Kirche, die soziale Bindung ebenso wie die Aufgeschlossenheit für die Entwicklungen in Europa und der Welt einschließt.

Wenn dabei zugleich pädagogische und organisatorische Verantwortung, die Begabung des Schriftstellers, das Engagement des Hochschullehrers und die vermittelnde Funktion des Verbandsvorsitzenden zusammentreffen, werden Kräfte wirksam, die Kurt Meissner erfolgreich zu bündeln wußte.

Ich bin ihm begegnet, als ich 1988 das Amt der Präsidentin des Deutschen Volkshochschulverbandes (DVV) übernahm. Aber bereits im ersten Gespräch, in der ersten gemeinsamen Sitzung und erst recht in den von ihm souverän geleiteten Mitgliederversammlungen des DVV konnte ich einen Eindruck davon gewinnen, was es heißt, Erwachsenenbildung als Lebensaufgabe zu begreifen. Kurt Meissner hat alle Seiten praktischer Erwachsenenbildung und theoretischer Bildungsarbeit kennengelernt, mitgestaltet und über Jahrzehnte hinweg in unterschiedlichen Funktionen begleitet: Als Direktor einer Heimvolkshochschule und einer großstädtischen Volkshochschule hat er die Praxis der Weiterbildung erprobt und gestaltet. Als langjähriger Vorsitzender und nunmehr Ehrenvorsitzender des Deutschen Volkshochschulverbandes hat er die verbandliche Arbeit entscheidend beeinflußt und dabei die Gründung von drei Instituten maßgeblich initiiert, als ehrenamtliches Mitglied war er zugleich leitender Synodaler der evangelischen Kirche und Vorsitzender – nunmehr Ehrenvorsitzender – des Bundesarbeitskreises Arbeit und Leben, der von DGB und DVV gemeinsam getragen wird.

Als Autor hat Kurt Meissner schon 1969 Wissenschaft und öffentliches Bewußtsein durch Bildung vor dem Horizont der »Dritten Aufklärung« zueinander in Beziehung gesetzt, sein Verständnis von »Erwachsenenbildung als kulturelle Aufgabe« (1978) besitzt unverändert Aktualität, und in dem Essay »Über die Freude« (1992) hat er seine »Bemerkungen zu einer Zustimmung zur Welt« formuliert.

»Vom Menschen aus – Begegnungen und Erfahrungen aus sieben Jahrzehnten« lautet der Titel des vor uns liegenden Buches. Kurt Meissner schildert darin seinen Lebensweg, die Erfahrungen und Stationen seines Wirkens. Zu lesen, was gemeint ist, wenn darin schließlich von einer »Philosophie der Freude« die Rede ist, bedeutet sicherlich Gewinn für alle, die sich dem Autor menschlich verbunden fühlen – als einem Wegbegleiter, anregendem Diskutanten und hilfreichem Beweger von Entwicklungen, die heute Bildung und Kultur in der Erwachsenenbildung auszeichnen. Dafür sei Kurt Meissner herzlich gedankt.

Prof. Dr. Rita Süssmuth
Präsidentin des Deutschen Volkshochschulverbandes
Bonn, im August 1995

Präludium und Fuge –
Kiel und Schleswig-Holstein

Wenn man in Bayern erzählt, daß man aus Kiel stammt, erntet man nur ein mildes Lächeln. Ach so, sagen einige, was wohl soviel heißen mag wie: Hoch droben im Norden, nicht weit von Kopenhagen und Malmö. Was fällt einem in Bayern zu Kiel schon ein? Die Kieler Woche vielleicht und die Kieler Förde, der Matrosenaufstand von Kiel, der die Republik einläutete, und der tote Barschel, der die Stadt in negative Schlagzeilen brachte.

Was fällt mir selbst zu Kiel ein? Immerhin bin ich dort geboren, habe dort 30 Jahre mit ein paar Jahren Unterbrechung während des Krieges gelebt, bin dort zu Schule gegangen, habe dort studiert, meine ersten beruflichen Erfahrungen gemacht. Was also fällt mir ein? Meine Mutter erzählte mir immer, daß ich am kleinen Kiel gespielt hätte, in einer Denkmalsanlage, die dem niederdeutschen Dichter Klaus Groth gewidmet war.

Den alten Markt mit dem alten schönen Rathaus habe ich in Erinnerung, mit den persianischen Häusern, den Fachwerklager- und den Kaufmannshäuser aus dem 17. Jahrhundert, die schöne, geschlossene Fassadenkulisse, die den Markt begrenzte, die Nikolaikirche, die Hauptkirche der Stadt und Predigtstätte des holsteinischen Bischofs, die Kirche am Franziskanerkloster, vor der in meiner Kindheit noch Barlachs Geistreiter stand. Das alles fiel dem Bombenkrieg zum Opfer, und nach dem Krieg wurde aus diesem Areal von einem umnachteten Stadtarchitekten eine unübersichtliche Bobbahn gemacht.

Der Namenspatron unserer Schule war Friedrich Hebbel, der wohl bedeutendste schleswig-holsteinische Dichter. Aber ich erinnere mich nicht an einen Spruch oder eine Verszeile von ihm an den Wänden der breiten Flure oder der Aula der Schule. Nur im Boxsaal stand »Gelobt sei, was hart macht«, aber das soll von Nietzsche sein. Woraus sonst noch besteht das Bild meiner Jugend von Kiel? Natürlich aus vielen blauen Uniformen und vielen »Kolbenringen« an den Ärmeln der Offiziersuniformen, aus den riesigen Helgen der Werften am Ostufer, eine eindrucksvolle Kulisse, wenn wir als Schüler auf der Förde ruderten. Aber sonst?

Kiels Geschichte und seine Rolle in Schleswig-Holstein ist gewiß nicht bemerkenswert. 1867 wurde es nach dem Anschluß Schleswig-Holsteins an Preußen zur Provinzhauptstadt erhoben. Das verstärkte zunächst keinesfalls seine Rolle in Schleswig-Holstein, denn die schleswig-holsteinischen Stände verweigerten in den ersten Jahren dem preußischen König die Reverenz. Die Ablehnung Preußens schlug erst 1871 in das Gegenteil um. Keine Provinz verhielt sich nun preußischer als Schleswig-Holstein. Die Rolle Kiels war bis zu dieser Zeit auch in Schleswig-Holstein relativ unbedeutend gewesen. Das einzige, bemerkenswerte Ereignis ist 1665 die Gründung der Universität durch Herzog Christian Albrecht. Aus einem bescheidenem Zentrum der Ausbildung der Landeskinder für die Aufgaben der Verwaltung, der Gesundheitspflege und der Kirche entwickelte sie sich im 19. Jahrhundert zur politischen Führerin des Landes im Kampf um die Selbständigkeit der Herzogtümer. Gerade in diesem politischen Kampf erfüllte sie einen politischen Bildungsauftrag. Dort wirkten Falk, Dreusen und Waitz, um nur wenige Namen aus der großen Liste der Kieler Professoren zu nennen, die nicht nur zu Führern ihrer Studenten, sondern zu Rufern im Land wurden. Die politische Wirkung der Kieler Universität stand im Auftrag der Volksbildung, den Menschen willig und fähig zu machen, sein politisches Geschick zu gestalten.

Mit der Einverleibung in den preußischen Staatskörper nahm die Kieler Universität zwar in wissenschaftlicher Hinsicht einen starken Aufschwung, verlor aber ihre politische Führungsrolle. Kiel selber blieb bis 1830 eine kleine Stadt von etwa 10 000 Einwohnern ohne wirtschftliche Bedeutung. Das änderte sich schon in der Mitte des 19. Jahrhunderts durch die neue Bahnlinie von Altona nach Kiel.

Der eigentliche Aufschwung zur Großstadt begann 1871 mit der Errichtung des Kriegshafens in Kiel. Von 1875 bis 1910 hatte Kiel eine Bevölkerungszuwachsrate von 429 %, d.h. die Einwohnerzahl stieg auf über 200 000. Angesichts dieser Entwicklung konnte natürlich kein Zusammenwachsen der sozialen Schichten entstehen. Vor allem die Marine und die Werften hatten den Aufschwung der Stadt und den rasanten Bevölkerungszuwachs verursacht. Er hielt auch noch während des Ersten Weltkrieges an. 1919 betrug die Bevölkerung 243 000 Einwohner.

Alle gesellschaftlichen Gruppen in Kiel lebten getrennt und in unterschiedlichen Vierteln. Die Arbeiter vorwiegend hinter den Werften in Gaarden, das war einmal der »liebliche Garten« Kiels gewesen, die Professoren und hohen Offiziere in Düsternbrook, die Kaufleute in der Innenstadt, die Kleinbürger in der Neustadt und in der Brunswik. Wie sollte aus dieser heterogenen Gesellschaft ein gemeinsames Kulturbewußtsein entstehen? Aber das Ende des Krieges und die sogenannte Revolution ließen einen Ruck durch die Gesellschaft gehen. Gewiß war der Krieg hart gewesen, hatte Opfer an der Front und unter der Zivilbevölkerung gefordert, und er war verloren, aber die Truppen waren geordnet zurückgekehrt. Philipp Scheidemann hatte die Republik ausgerufen. Friedrich Ebert wurde ihre erste Symbolfigur. Trotz aller Belastungen war erkennbar eine neue Zeit angebrochen. Diese neue Zeit wurde in Kiel allenfalls von den Arbeitern begrüßt, nicht jedoch von den Werftarbeitern, die für die Werften, besonders für die mit Militäraufträgen, schlechte Zeiten voraussahen. Die Marine wurde reduziert, jeder wußte, was das Glockenspiel vom Kieler Rathausturm läutete: Kiel hat kein Geld, das weiß die Welt, ob's noch was kriegt, das weiß man nicht.

Nach 1933 ging es äußerlich wieder schnell bergauf in Kiel, was Wunder, daß die Zustimmung zu den neuen Machthabern größer war als in manch einer anderen deutschen Stadt. Der Flottenvertrag von 1935 mit Großbritannien brachte eine neue Marine und vor allem neue Kriegsschiffe. Die Auftragsbücher der Werften quollen über, aber dennoch sah die Bilanz am Ende des Krieges schrecklich aus: 80 % des Wohnraums waren zerstört, und es gab kaum Arbeitsplätze. Alles stand vor einem Neubeginn, die Stadt mußte wiederaufgebaut werden, auch die Landesregierung und die -verwaltung, die Schaffung völlig neuer Industriezweige, die Verlagerung der Arbeitsmöglichkeiten auf Dienstleistung und Handel. Das alles bei einem Bevölkerungsanteil an Vertriebenen aus Ostpreußen, Pommern und Mecklenburg von rund einem Drittel. Ihr Aufbauwille war noch stärker als bei den Einheimischen.

Das neue Kiel wurde nicht schöner, aber moderner. Die Kiellinie ist sicher die schönste Fördestraße Deutschlands. Aber eins hat Kiel immer noch nicht geschaffen: eine alle verbindende Gesellschaft.

Wird man durch solch eine Stadt geprägt? Spielt sie eine Rolle in der eigenen Familiengeschichte oder im Selbstbewußtsein? Für mich gilt das nicht. Sie interessierte nicht in ihrer Entwicklung, in ihren Problemen, alte Erinnerungen stützen kaum mein Selbstbewußtsein. Die Kinderbilder bilden nur im Zusammenhang mit meinen Eltern die Szenerie meiner gegenwärtigen Existenz.

Anders das Land Schleswig-Holstein. Zwölf Jahre war ich in Rendsburg tätig, der heimlichen Hauptstadt des Landes, mitten im Land gelegen, zentraler Sitz von Institutionen und Verbänden und mit einem alten gesellschaftlichen Kern. Ich war, bevor ich nach Rendsburg kam, kurzzeitig in Leck in Nordfriesland aktiv und hatte so den nördlichen Teil der Westküste kennengelernt. Danach lebte ich auch eine kurze Zeit in Cismar in Ostholstein, einer Region mit völlig anderer Struktur als Nordfriesland. Ich kam also, abgesehen von meinen Eindrücken aus Kiel, mit etwas »Schleswig-Holstein-Erfahrung« nach Rendsburg, und ich sprach mit Vergnügen plattdeutsch, die Sprache meiner Großmutter. Ich hatte von Rendsburg aus vielfältige Gelegenheit, das Land kennenzulernen und als Heimat zu erleben. In diesem Land also bin ich geboren, hier habe ich 42 Jahre gelebt, gelernt, erfahren und gearbeitet. Hier habe ich mich selbstverwirklichen und zugleich gestaltend für Menschen und die Entfaltung ihrer Fähigkeiten wirken dürfen. Hier habe ich die herbe Schönheit der Landschaften und ihre Vielfalt erfahren, den kulturellen Reichtum, aber auch die ständige Bewegung eines Brückenlandes, dessen Schicksal in Bewahrung und Erneuerung beschlossen liegt. Tradition war für mich nie museale Bewahrung, sondern Verpflichtung für die Zukunft, nie Heimat und Sentimentalität, sondern Aufgabe und Verantwortung, nicht biologische, sondern historische Wirklichkeit. Heimat ist gefährdet durch seßhafte Spießer und ruhelose Abenteurer, habe ich einmal geschrieben, und lebt von ihren verantwortlichen Bürgern.

Seit 30 Jahren lebe und wirke ich nun in Hamburg, immer noch im alten Herrschaftsraum der Schauenburger, immer noch in Nordelbien, immer noch in der Anregung und Herausforderung von Heimat.

Frühe Erfahrungen

Merkwürdig! Meine frühen Erfahrungen sind im weitesten Sinne politisch akzentuiert. Sicher habe ich ähnliches erlebt wie jedes Kind und jeder Jugendliche, der in einem behüteten Elternhaus groß geworden ist. Mit Spielen und Kindergeburtstagen, mit Sport und Wandern, und Rudern und Musizieren, mit Spielkameraden und in Jugendgemeinschaften. Aber die Erlebnisse, die sich mir unmittelbar eingeprägt haben, selten durch Erzählungen der Eltern bestätigt, haben politische Aspekte. Das hat wahrscheinlich zwei Gründe: Immerhin habe ich mich fast fünfzig Jahre meines Lebens mit politischer Bildung beschäftigt und im Unterricht und in Vorträgen manches Erlebnis aus meiner Kindheit beschrieben. Andererseits war mein Vater politisch und historisch sehr interessiert und zeitweilig politisch aktiv. Sein Bewußtsein war bestimmt durch zwei Dinge: Er war mit Leib und Seele Handwerker, und er war geprägt durch das Erlebnis des Ersten Weltkriegs.

Das Denken in unserer Familie war durch handwerkliche Tradition bestimmt; übrigens auch in der Familie meiner Frau, die auch aus einer Handwerkerfamilie stammt.

Offenbar spielt das, was Hannah Ahrendt über das Herstellen sagt, im Bewußtsein solcher Familien eine große Rolle. »Das Herstellen produziert eine künstliche Welt von Dingen«, schreibt sie in dem Buch »Vita Aktiva« und fährt fort: »In dieser Dingwelt ist menschliches Leben zu Hause, das von Natur in der Natur heimatlos ist, und die Welt bietet dem Menschen eine Heimat, indem sie menschliches Leben überdauert.« Solches Bewußtsein ist in der Fortführung handwerklicher Tradition wohl angeboren. Man respektierte, daß ich mich mit Büchern und Gedanken beschäftigte, aber man sah den eigentlichen Sinn des Lebens im Herstellen. Das galt für meinen Vater, aber auch für meinen Schwiegervater. Mein Vater war Tischler wie auch sein Vater.

Auch einer meiner Söhne hat das Tischlerhandwerk gelernt, wendet es aber nur sehr mittelbar an.

Mein Großvater stammte aus Mitteldeutschland, war aus der Gemeinde Höbeck im Kreise Jerichow I nach Kiel eingewandert und hatte einen Tischlereibetrieb gegründet, der bis in die 20er Jahre hinein bestand. Sein wesentlich älterer Bruder ging als Buchdrucker nach Hamburg und gründete dort eine Druckerei und einen Verlag, der als erster »Das Kapital« von Karl Marx in deutscher Sprache veröffentlichte, aber wohl kaum aus sozialistischer Gesinnung, denn er war ein angesehenes Mitglied im Vorstand der Handelskammer in Hamburg.

In der Ahnenreihe meines Großvaters sind Handwerker, Lehrer und Kantoren bis ins 17. Jahrhundert hinein auszumachen. Mein Großvater mütterlicherseits war ebenfalls Handwerksmeister. Er kam aus Vorpommern und war in Kiel Schiffszimmermeister auf der kaiserlichen Werft. Beide Großväter verkörpern einen Epochentyp, den David Riesman als traditionsgeleitet und innengeleitet bezeichnen würde. Der Großvater aus Pommern war mehr als zehn Jahre älter als der aus Mitteldeutschland. Er war ganz von Traditionen geleitet, die seine Verhaltensmuster – genau gegliederte Tages-, Wochen- und Jahresabläufe – bestimmten. An den Werktagen die Werft, sonntags der Besuch der Kirche und die nachmittägliche Wanderung mit der ganzen Familie. Er hatte aus erster Ehe acht Söhne. An Pfingsten wurde ein Familienfoto gemacht, was meine Großmutter aufbewahrte. Das erste muß gewiß zwischen 1902 und 1910 entstanden sein. Die Fotoserie zeigt zu Beginn etwa 35 Personen und endet mit etwa 55.

Dieser Großvater lebte nur für seinen Kaiser, haßte Gewerkschafter und Sozialdemokraten und ging bis kurz vor dem Tod auf »seine Werft«.

Der andere, zehn Jahre jüngere Großvater war eher innengeleitet. Er wollte für sich und andere Neues. Er hatte feste Ziele und gehörte zur Gründergeneration der Jahrhundertwende. Sein Betrieb wuchs zwischen 1890 und dem Ersten Weltkrieg. Er stellte nur Gesellen ein, die dem Holzarbeiterverband angehörten. Ob er selber politisch engagiert war, weiß ich nicht.

Das war also die Familientradition meines Vaters. Hier fühlte er sich wohl, ihr war er von Jugend an verbunden. 1914 mußte er seine geliebte Tätigkeit unterbrechen, er wurde gleich zu Kriegsbeginn, mit 27 Jahren, eingezogen. Am 2. August 1914 heirateten meine Eltern – die erste Kriegstrauung – in der Nikolaikirche in Kiel. Mein Vater machte vier Jahre lang den Krieg an der Ost- und der Westfront mit, zuletzt im Stellungskrieg vor Verdun. Er kam mit einer Gasvergiftung zurück und mußte noch lange Zeit im Lazarett bleiben. Als ich 1925 geboren wurde, war er also schon fast 40 Jahre alt. Die Zeit der besten Entwicklungsmöglichkeiten in beruflicher und familiärer Hinsicht hatten ihm Kaiser und Reich durch Krieg und Verwundung gestohlen. Was Wunder, daß er entschiedener Pazifist und Demokrat wurde, allem Nationalen mißtraute. Auch von der Kirche wandte er sich innerlich ab, ohne jedoch auszutreten, da sie die Waffen gesegnet hatte. Als mein Bruder, der zehn Jahre älter war als ich, 1931 konfirmiert werden sollte, las mein Vater in seinem Notizbuch, das mein Bruder im Konfirmationsunterricht angelegt hatte, den Satz »Der Krieg ist der Vater aller Dinge«. Mein Bruder mußte deshalb kurz vor der Konfirmation den Pastor wechseln. Der kriegsbegeisterte Amtskollege war später einer der führenden »deutschen Christen« in Kiel.

Geboren wurde ich in der Kieler Altstadt in einem Fachwerkhaus in der Küterstraße. 1930 zogen wir in die Gasstraße, später Rathausstraße, die zwischen dem Neumarkt am Rathaus und dem Exerzierplatz liegt. Eine belebte Straße mit Straßenbahn und Geschäften. Das war die Kulisse meiner ersten politischen Erinnerungen. 1931/32, auf dem Höhepunkt der Arbeitslosigkeit, versammelten sich viele Arbeitslose den ganzen Tag über auf dem Exerzierplatz, denn vom Wilhelmsplatz, der damals Platz der Republik hieß und an dem das neue architektonisch interessante Arbeitsamt lag, wurden sie von der Polizei vertrieben. Also gingen sie zum Exerzierplatz, um mit anderen Schicksalsgenossen zu reden und um die damals beliebten Zigarettenbilder zu tauschen. Das wollten wir Kinder auch, und deshalb waren wir oft auf dem Exerzierplatz anzutreffen. An ihn grenzte der Kuhberg an, eines der »Gängeviertel« in Kiel, heute Platz für die Ostseehalle. In der »Alten Reihe« war das Parteilokal der Kommunisten, der Glaskasten, wie wir sagten, weil oft die Fensterscheiben zerschlagen wurden. Nachmittags fuhr oft eine Radfahrabteilung des Rot-Front-Kämpferbundes mit Schalmeien um den Exerzierplatz herum und heizte die Stimmung auf. Am späten Nachmittag rückte dann die SA an, damals noch mit Handstöcken. Sie hatten ihr Lokal am Hafen im Dithmarscher Keller. In unserer Straße fanden dann oft Straßenkämpfe statt, berittene Polizei sprengte dann mit dem Ruf »Fenster zu, es wird geschossen« durch die Straße. Es war dann klug, den Kopf einzuziehen.

Das also war die politische Szenerie meiner Kindheit.

1932 kam ich in die Schule. Meine Grundschule war die 1. Knabenvolksschule in der Waisenhofstraße. Es gab eine sozial bunt gemischte Gesellschaft in der Klasse: Die Kinder von Ärzten und Anwälten am Lorenzendamm, einer Villenstraße am Kleinen Kiel, die Kaufmannskinder vom Alten Markt und aus der Holstenstraße, die Kinder aus dem Hafenmilieu, die Kinder aus dem Gängeviertel am Kuhberg, wir Kleinbürgerkinder aus der Gasstraße und den Nebenstraßen. Viele trugen Kittel, welche die politische Gesinnung der Eltern zeigten: die grauen Kittel der Stahlhelmjugend, die blauen Hemden der Roten Falken, die braunen Hemden der Hitlerjugend, die weißen Hemden der Turnerjugend. Manchmal war der andersfarbige Kittel Ausgangspunkt für eine Keilerei.

Einige Ereignisse im Zusammenhang mit der Schule sind mir so intensiv im Gedächtnis geblieben, daß ich die Vorgänge bildlich nacherlebe. Ich war mit meinen Eltern bei einer Kundgebung auf dem Neumarkt, als neben mir ein SA-Mann stand, der mit seinem Schulterriemen mit anderen SA-Leuten eine Kette bildete und uns abdrängte. Es handelte sich um meinen Klassenlehrer. Auch mein Vater hatte ihn gesehen, und von nun an wurde bei uns zu Hause von politischen Dingen nur so gesprochen, daß ich nichts verstand.

Ein anderes Ereignis: Draußen regnete es heftig, und wir blieben während der Pause im Klassenzimmer. Wir holten unsere Schulbrote heraus. Einige hatten nichts mitbekommen, und vor einem von ihnen blieb der Lehrer stehen, stellte fest, daß er Hunger hatte und fragte: »Was ist denn dein Vater?« Der Junge, er kam vom Kuhberg, sprang auf und sagte: »Kommunist.«

Der letzte, für mich wichtigste Eindruck stammt aus der Zeit vor 1933, vom Verfassungstag im August 1932. Meine Mutter und ich standen am Straßenrand, hier sollte der Zug des »Reichsbanner Schwarz-Rot-Gold« vorbeikommen, in dem mein Vater mitzog. Das Reichsbanner war die Aktivorganisation der »Eisernen Front«, die sich gegen die »Harzburger Front« gebildet hatte. In der Eisernen Front waren Sozialdemokraten, Demokraten und Zentrum organisiert, ihr Zeichen waren die eisernen drei Pfeile. Ich erinnere mich genau an das Plakat, auf dem die drei Pfeile gegen die Hydra gerichtet sind, in der sich Hakenkreuze und Stahlhelme vereinigen. Die Männer des Reichsbanner trugen Windjacken. Im Zug durch die Straßen wurden Särge von Kameraden mitgeführt, die von der SA ermordet worden waren. Der Zug wurde angeführt durch die Baufahne, die älteste schwarz-rot-goldene Fahne in Schleswig-Holstein, die bei dem Gefecht bei Bau 1848 mitgeführt wurde. Sie war in ein Netz gehüllt, weil sie sonst zerfiel, und befand sich in der Obhut des »Kieler Männerturnvereins von 1844«. Mir ging der lange Zug, der oft aus Seitenstraßen von SA und Rot-Front-Kämpfern gestört wurde, nie aus dem Sinn. Welche Rolle mein Vater beim Reichsbanner spielte, weiß ich nicht. Gelegentlich sprach er mit seinen Freunden, die auch seine Gesinnungsgenossen waren. Ich weiß, daß einer von ihnen später, offenbar nach Hitlers Machtergreifung, über seine Angst sprach und daß auch mein Vater Schwierigkeiten, besonders im Betrieb, bekam. Er war Mitglied im Holzarbeiterverband und wohl auch in der SPD. Wir lasen die Volkszeitung, solange sie bestand. An der Wand im Wohnzimmer hing ein Bildnis Friedrich Eberts. Mein Vater sprach später nie mit mir über Einzelheiten dieser Zeit. Auch wollte er nach dem Zweiten Weltkrieg nicht als Widerstandskämpfer gelten und trat erst ziemlich spät wieder in die SPD ein. Zu seinem 65. Geburtstag schenkte ich ihm die Autobiographie Leonhard Franks »Links, wo das Herz ist«. Er war sehr glücklich darüber und fühlte sich in seiner Gesinnung bestätigt. Wenn ich heute über diese Entwicklungen nachdenke, bewundere ich, wie klug und konsequent diese einfachen Handwerker waren, wieviel weitschauender als viele Akademiker, deren Bewußtsein von arroganten Burschenschaftsgedanken vernebelt war, wieviel entschiedener sie für die Demokratie als viele sogenannte nationale Bürger eintraten. Sie waren Patrioten im eigentlichen Sinne.

1936 stand für mich ein Schulwechsel an. Es mußte zwischen zwei Schulen entschieden werden, die von unserer Wohnung gleich weit entfernt waren, etwa eine halbe Stunde Fußweg. Ich kam in die Hebbelschule. Sie lag im Kieler Norden. Eine Klasse eines Jahrgangs setzte sich immer allein aus Kindern einer Grundschule im Norden der Stadt zusammen, das war die Sexta a. Wir waren die Sexta b, deren Schüler aus aus allen möglichen Stadtteilen stammten, aber unsere Klasse war auch in bezug auf die soziale Herkunft ihrer Schüler farbiger als die a-Klasse.

Die Hebbelschule hatte als erste höhere Schule in Kiel die HJ-Fahne verliehen bekommen, das heißt, alle Schüler waren bereits in der Hitlerjugend, als dies nocht nicht Pflicht war. Der Direktor war ein glühender Anhänger des Nationalsozialismus und liebte seinen Führer enthusiastisch. Beim Abschluß von Schulfeiern pflegte er sich am Schluß einer Hitlerbüste zuzuwenden wie ein Pastor im Gottesdienst dem Kruzifix. Ansonsten war er eine Karikatur seiner selbst, klein, spindeldürr, immer mit Kreide beschmiert. Ich glaube nicht, daß irgend jemand in seinem Mathematikunterricht etwas gelernt hat.

Die Schule wurde als sogenannte deutsche Oberschule geführt, ein Schultyp, der schon im Ersten Weltkrieg bestand und unter dem NS-Regime verstärkt gefördert wurde. Deutsch, Geschichte, Sport und die musischen Fächer standen im Zentrum, aber es gab neben einer modernen Fremdsprache, bei uns Französisch, auch Latein. Alle Lehrer waren bis auf einen nicht bemerkenswert. Diesen einen Lehrer hatte ich in Deutsch und Latein, zunächst auch in Religion, von der Sexta bis zur Schulentlassung. Er hieß Rudolf Tietz, in der Schule Loki genannt, wahrscheinlich weil er gegen den Chef opponierte, und war schon lange an der Hebbelschule. Vor dem Ersten Weltkrieg war er Prinzenerzieher am Württembergischen Hof gewesen, im Krieg hatte er bei der deutschen Spionage und der Spionageabwehr gedient. Er hatte eine sehr hohe Auszeichnung mit einem Zivilorden bekommen, der dem »Pour le mérite« gleichgestellt war. Er war sehr sportlich. Wir bewunderten noch seine Riesenfelge am Reck, als er längst über 50 Jahre alt war. Tietz war christlicher Freimaurer und gehörte später einem sehr hohen Grad an. Seine Gegnerschaft zum Nationalsozialismus war unverkennbar. Er war durch seinen hohen Verdienstorden geschützt. Von Zeit zu Zeit fehlte er mehrere Wochen in der Schule. Er wurde offenbar verhört, um weitere Gesinnungsgenossen preiszugeben, wie er mir jedenfalls nach dem Krieg erzählte. Bei ihm hatte ich im ersten Jahr an der Hebbelschule auch Religionsunterricht, und wir lasen das Markusevangelium. Hierher stammen die Grundlagen meines Interesses an der Bibel. Später fiel das Fach weg. In Deutsch schrieb er jeden Klassenaufsatz am Pult mit und las das Ergebnis später vor. Ich behaupte, daß das den Zensurendurchschnitt verbesserte. Er hatte manchen Trick, um Lektüre, die von den Nazis verboten war, dennoch zu vermitteln. Heine zum Beispiel oder Lessings »Nathan«. Man konnte an derartiger Lektüre gut das »Undeutsche« nachweisen. Einer seiner Lieblingsdichter war Conrad Ferdinand Meyer. Ich kann bis heute den »Römischen Brunnen« und »Die Füße im Feuer« auswendig. Das Thema unseres letzten Aufsatzes vor der Schulentlassung war »Das Menschenbild der Renaissance in Conrad Ferdinand Meyers Novelle 'Die Versuchung des Pescara'«. Mit diesem geistigen Gepäck, dem wenigen was die Schule zu vermitteln hatte, gingen wir in den Krieg.

Mit der Umschulung mußte ich in die HJ beziehungsweise das Jungvolk eintreten. Es bestand ja Dienstpflicht. Ein Braunhemd wurde von meiner Mutter gerade noch bewilligt. Im Winter mußte ich die warme dunkelblaue Jungenschaftsbluse durch eine dunkle Trainingsbluse ersetzen. Ich fand das Exerzieren scheußlich und haßte die Geländespiele, in denen wir als »Blaue« den »Roten« den Lebensfaden abreißen, unser Brot auf einen großen Haufen legen und das Brot eines anderen von der anderen Seite des Haufens nehmen mußten, das sollte der Gleichheit dienen. »Alle für einen, einer für alle« war die Devise des Führers. Bald kam ich in einen Fanfarenzug. Das war entschieden besser. Als ich dann 13, 14 Jahre alt war, bekam ich einen Druckposten bei der HJ-Gebietsführung. Das kam so: Deutschaufsätze waren während meiner ganzen Schulzeit meine Stärke. Deshalb wollte ich gerne Journalist werden. Das hatte ich in der Schule erzählt und auf offizielle Fragen nach einem Berufswunsch auch schon geäußert. Mein Schulleiter wußte das offenbar. Da er enge Beziehungen zur Gebietsführung hatte, wurde er wohl gefragt, ob an seiner Schule jemand wäre, der Journalist werden wollte. So fing ich ohne jeden HJ-Dienstgrad, so ist es auch geblieben, in der Pressestelle der Gebietsführung in Kiel an. Ich trug dort nie mehr die HJ-Kluft. Meine Aufgabe war es, einen Nachmittag in der Woche die schleswig-holsteinischen Zeitungen auf Meldungen und Berichte über die Hitlerjugend durchzusehen. Was gab es da nicht alles für kleine Zeitungen. Besonders habe ich mich über die »Glückstädter Fortuna« und den »Dithmarscher

Hausfreund« amüsiert. So bekam ich Kontakt zu höheren HJ-Führern und war erstaunt, daß einige von ihnen sich durchaus kritisch über die Zeit und die politischen Verhältnisse äußerten und keine strammen Nazis waren. Die gab es natürlich auch. Ein anderer, etwa gleichaltriger Schüler hatte eine ähnliche Funktion wie ich. Sein Vater war Gaukulturleiter oder etwas ähnliches, ein höherer NS-Führer jedenfalls. Er hatte aber eine große Sammlung von Jazzplatten. Im kleinen Kreise hörte ich bei ihm Teddy Stauffer und Louis Armstrong. Es gab in der HJ so etwas wie eine diffuse untergründige Opposition, die sich allerdings selten zu einem Widerstand formierte.

Gelegentlich wurde ich als Kurier zur Reichsjugendführung nach Berlin geschickt. Eine Zeitlang sogar jede zweite Woche, das war eine feine Sache. Ich fuhr jeden Freitag nachmittag mit einem schnellen Marinezug bis Berlin Lehrter Bahnhof, holte einen Quartierschein für eine kleine Pension in der Reichsjugendführung ab, Ecke Heerstraße und Reichskanzlerplatz, und bekam, wenn ich wollte, Theaterkarten für Freitag und Sonnabend abend. So war ich oft im Theater am Gendarmenmarkt, sah Heinrich George und Gustav Gründgens, Käthe Dorsch und Marianne Hoppe oder hörte in der Staatsoper Erna Sack. Am Sonnabend vormittag tauschte ich die Kurierbriefe, trank bei Kranzler, Ecke Friedrichstraße und Unter den Linden, Kaffee, aß bei Aschinger Erbsensuppe und fuhr sonntags nach Kiel zurück.

Gelegentlich mußte ich auch in ähnlicher Funktion in Sachen Kinderlandverschickung nach Dresden oder Berchtesgaden, Salzburg oder Wien. Das waren natürlich unvergeßliche Erlebnisse für einen Jungen zwischen 15 und 17, der überdies nicht einmal das Braunhemd tragen mußte. Sie schlugen sich in Feuilletons und Gedichten nieder und prägten früh mein Bild von Deutschland und Österreich.

Über die Schule nahmen wir an der Kinderlandverschickung (KLV) teil, ein halbes Jahr etwa waren wir in Bansin auf Usedom, später in Jurata auf Hela. Aus dieser Zeit sind mir das unzerstörte Danzig – ich schrieb ein Gedicht über die Marienkirche – und Marienburg im Gedächtnis geblieben. Ich sah also eine noch unzerstörte Welt. Aber dennoch spürten wir die drohende Gefahr. Ich erinnere mich genau an den Beginn des Krieges mit der Sowjetunion im Sommer 1941. Nächtelang diskutierten wir 15-, 16jährigen Jungen auf der Promenade in Bansin darüber oder schwiegen auch angstvoll. Kein Kriegs-

und Siegesrausch, selbst bei den Nazis in unserer Klasse nicht. Als wir aus der KLV zurückfuhren, stimmte der ganze Zug mit den Schülern der Kieler höheren Schulen auf dem Bahnhof in Danzig die Marseillaise und die Internationale an. Nur die anfahrende Lokomotive erstickte den Gesang.

Im Mai 1943 wurde ich eingezogen, zunächst zum Reichsarbeitsdienst. Das Lager lag am Rande einer Stadt, die damals Leipe hieß, heute wohl wieder Lipnow heißt, nordöstlich von Thorn gelegen. Eine polnische Stadt im damaligen Generalgouvernement. Aus Rußland und dem Baltikum umgesiedelte Deutsche hatten hier eine neue Bleibe gefunden, wahrscheinlich nicht ihre Heimat. Über den Reichsarbeitsdienst gibt es nichts Bemerkenswertes zu berichten. Der Dienst war langweilig und gelegentlich schikanös, die Führer oft betrunken und frustriert, die Unterbringung bestand aus einem Lager mit 18-Mann-Zimmern. Das Neue für uns war ein neues soziales Erlebnis: Die Mannschaft setzte sich aus Schleswig-Holsteinern und Westpreußen zusammen, und wir höheren Schüler lernten zum ersten Mal wirklich andere Volksschichten kennen. Bei uns in der Stube zum Beispiel war ein Schleswig-Holsteiner vom Land, er war Analphabet und auch ansonsten ein Original. Zwar gab es im Lager nichts Bemerkenswertes, aber wir erlebten eine bisher in diesem Maße unbekannte latente Grausamkeit im Menschen. Neben unserem Lager war ein SS-Lager untergebracht. Wir Jungen sahen, wie SS-Leute Alte, Kranke und Schwangere wohl zur ärztlichen Untersuchung zusammentrieben und dabei erbarmungslos prügelten. Das Unglaubliche aber war: Jeden Sonntag, während die Gläubigen beim Gottesdienst waren, wurden zehn Geiseln neben der Kirche erschossen. Sie lagen in ihrem Blut neben der Kirchentür, wenn die Gläubigen herauskamen. In 250 jungen potentiellen Nazis wuchs Entsetzen, Ablehnung und Widerstand. Auschwitz fand auch 1943 in Leipe statt, vor den Augen aller.

Im Herbst 1943 wurde ich zur Marine eingezogen. Ich hatte mich als Reserveoffiziersanwärter freiwillig zur Marine im Nachrichtendienst gemeldet, um der SS zu entgehen. Die Rekrutezeit in Stralsund auf dem Dänholm und in Husum verlief ohne besondere Ereignisse. Auch die Zeit auf der Nachrichtenschule in Flensburg-Mürwik, außer daß ich entdeckte, daß im Arbeitsdienst und in der Rekrutenzeit die einfachsten Kulturtechniken wie multiplizieren und dividieren verlorengegangen waren.

Mein erstes Kommando war dann bei der 9. Minensuchflottille. Sie lag in Nordnorwegen. Ich traf im März auf dem Schiff M306 in Honingsvag am Nordkap ein. Wir wechselten bald unseren Liegehafen und fuhren von Tromsø aus Geleitzüge nach Kirkenes. Noch nach Beginn der Invasion wurden wir auf große Werftliegezeit nach Antwerpen kommandiert. Bei herrlichem Sommerwetter fuhren wir durch die Fjorde zunächst nach Kiel. Am 20. Juli fing ich einen Funkspruch auf, der das Attentat auf Hitler meldete. Unsere Bestimmung wurde dadurch nicht geändert. Wir mußten nur anstatt mit dem militärischen Gruß nun mit dem sogenannten deutschen Gruß unsere Ehrenbezeigung erweisen.

In Antwerpen gingen etwa Dreiviertel der Besatzung auf Heimaturlaub, als »Dienstgrade« blieben nur der I. WO (Wachhabende Offizier), ein Oberleutnant, der lange in Nordnorwegen gefahren und in den langen, dunklen Winternächten krankhaft dem Alkohol verfallen war – er war fast immer betrunken –, ein jüngerer, sehr patenter Bootsmann und ich als Kadett MN der Reserve. Die belgischen Werftarbeiter räumten das Schiff sofort aus. Wir schliefen in Landquartieren. Nach 18 Tagen standen die Amerikaner vor Antwerpen. Der Bootsmann und ich beschlossen zu versuchen, das Schiff zunächst nach Rotterdam und dann nach Wilhelmshaven zu bringen. Das Schiff selbst war nicht manövrierfähig. Alle Maschinen waren ausgebaut, alle Waffen abmontiert. Wir ließen an Bord holen, was von unserem Schiff zu finden war. Ich requirierte einen Hafenschlepper und veranlaßte den Schiffer mit etwas Nachdruck, sich vor unser Minensuchboot zu setzen und uns aus dem Hafen zu schleppen.

Wir hatten keine Seekarten und versuchten auf gut Glück, den Weg durch das Gewirr der Kanäle nach Rotterdam zu finden. Nachts fing ich einen Funkspruch auf, der sagte, daß wir im eigenen Minenfeld fuhren. Ich besprach mich mit dem Bootsmann, und wir beschlossen, dem I. WO und der Mannschaft nichts zu sagen. Wir hatten Glück, wir kamen durch. In Rotterdam wurde das Schiff fahrtüchtig gemacht, die Mannschaft ergänzt, schließlich landeten wir in Wilhelmshaven. Der I. WO berichtete sehr fair von unserer Initiative. Ich wurde für mein Alter und meinem Dienstgrad sehr hoch ausgezeichnet und vorzeitig zum Fähnrich mit Portepee befördert. Meine »Tapferkeit« hatte darin bestanden, gemeinsam mit dem Bootsmann eine Nacht in absoluter Angst durchlebt zu haben. Ich lernte später in der Existenzphilosophie, daß man so etwas Grenzsituation nennt.

Aber die Marine hatte im Herbst 1944 kaum noch Schiffe, und und es gab kaum noch etwas zu funken. So wurde ich als Fahnenjunkerwachtmeister zur Umschulung für die Artillerie nach Großborn geschickt. Schon im Dezember 1944 wurde ich nach eineinviertel Jahren Dienstzeit bei der Wehrmacht zum Leutnant befördert und in einer Leutnantskompanie bei Deutschkrone am MG 0815, einem wassergekühlten Maschinengewehr, eingesetzt, um die sowjetischen Truppen aufzuhalten. Mein »Führer« hat mich dann gerettet. Auf Führerbefehl wurden die Offiziersgeburtsjahrgänge 1924/25 herausgezogen, um bei dem Aufbau neuer Einheiten zu helfen. Nach abenteuerlichen Umwegen landete ich zu Hause in Kiel und schließlich in Rendsburg. Als kommissarischer Chef der Reit- und Fahrbatterie ritt ich im Februar 1945 (!) als Herr über 60 wohlgenährte Pferde beim täglichen Offiziersausritt am Kanal an der Stätte meines späteren Wirkens vorbei.

Ich wurde dann an der Westfront eingesetzt. Die neugebildete Division Hamburg war zwar schon wieder aufgelöst, als ich mit zwei Kameraden aus Rendsburg ankam. Ich wurde eine Zeitlang Artilleriebegleitoffizier beim Divisionskommandeur und auf abenteuerliche Einsätze geschickt. Stefan Heym berichtet in seinem Buch »Der bittere Lorbeer« ähnliches aus der Sicht der anderen Seite. Wir zogen tagelang im kleinen Ruhrkessel zwischen Dortmund und dem Sauerland bei Hagen und Iserlohn herum, schliefen in Privatquartieren und Klöstern. Am 16. April wurde ich, zuletzt als Chef einer Batterie, bei Schwerte von den Amerikanern gefangengenommen.

Wir wurden zunächst nach Osten transportiert, kamen in ein Lager bei Brilon. Unsere Sorge war groß, daß wir der Sowjetarmee übergeben würden. Aber es ging nach wenigen Tagen zurück nach Westen. Wir landeten an den Rheinwiesen bei Remagen. Hier waren sicher etwa 100 000 Kriegsgefangene zusammengekarrt. Es gab keine Unterkünfte, es gab nicht einmal Latrinen. Es gab tagelangen Dauerregen, und wir lagen auf aufgeweichten Wiesen im Lehm und in unserem eigenem Kot. Es ist nie bekannt geworden, wieviel Tausende an Typhus und Ruhr gestorben sind. Es gab noch drei ähnliche Lager am Rhein. Später hörten wir jedoch nur von den Greueltaten der Roten Armee. Nach etwa 14 Tagen wurden wir in ein riesiges Camp in Frankreich verlegt, es hieß Attichy und lag bei Compiègne. Dort sollen 150 000 Kriegsgefangene zusammengezogen worden sein. Obgleich in Frankreich gelegen, war es ein amerikanisches Lager. Das Gesamtcamp war in Cages mit etwa je 5000 bis 6000 Mann eingeteilt. Wir waren ein reines Offizierscage. Wir schliefen zu je 50 Mann in Zelten aus Dachpappe auf Stroh und mußten, wenn es nicht gerade goß, was selten vorkam, uns von 6 bis 18 Uhr im Freien aufhalten, d.h. viele Stunden am Tag auf dem Boden liegen oder sitzen, denn arbeiten durften wir ja nicht.

Wenn ich mir Bilder von Attichy in die Erinnerung zurückrufe, dann sehe ich grauen Sand, unbarmherzig grelle Sonne, und ich fühle leichten Wind, der sich gelegentlich zu Sandstürmen entwickelt. Kein Baum, kein Strauch, kein Grün, der Blick in die Landschaft wird nur begrenzt durch Stacheldraht und Wachtürme. Das Zeichen des Lagers war die Waage. Alles was zugeteilt wurde, mußte ausgewogen werden, denn es war stets so zugeteilt, daß es unter der Zahl der Zuteilungsberechtigten nicht aufging. Ein Brot, das leicht für zwölf Mann zu teilen gewesen wäre, war für dreizehn bestimmt. Entsprechend auch Dosen mit Fleisch oder Ölsardinen. Aus Dosen wurden Waagen gebaut. Es gab dafür wahre Künstler, die Zahl der Erbsenzähler unter den deutschen Offizieren war riesig groß.

Es gab bald eine Lageruniversität mit einem leibhaftigen Rektor an der Spitze. Er soll der letzte Rektor an der Universität Prag gewesen sein. Meiner Erinnerung nach war er Jurist und hieß Spitaler. Auf dem Aushang, der die Eröffnung der Universität verkündete, wurde er als Magnifizenz bezeichnet. Spektabilitäten sind mir nicht in Erinnerung. Die Lageruniversität war eine gute Sache. Je nach Stimmung sagten wir: »ich gehe zu einer Vorlesung« oder »auf den Jahrmarkt der Wissenschaften«. Vorlesungen konnten Gott sei Dank nicht gehalten werden, da es an Papier und Büchern mangelte. Jeder der etwas zu sagen hatte, mußte frei sprechen. Wenige Notizen wurden manchmal auf Zigarettenpapier gemacht. Ich besuchte regelmäßig einen Kurs in Englisch, denn wir hatten in der Schule nur eine wenig ertragreiche Arbeitsgemeinschaft in Englisch gehabt.

Drei Vortragsreihen sind mir unauslöschlich in Erinnerung geblieben. Ludwig Kiehn, der später Professor in Hamburg war und mit dem ich als Honorarprofessor das Zimmer teilte, wenn ich mein Seminar in der Universität abhielt, sprach über Pestalozzi. Hans Heinz Stuckenschmidt, schon damals der bedeutendste Musikkritiker, führte uns ohne Instrument in die moderne Musik ein. Gerhard Kusche, ein schlesischer Lehrer, rezitierte Gedichte von Stefan George und interpretierte sie meisterhaft. Noch heute höre ich seine sanfte Stimme. Er war ein großer, etwas vierschrötiger Mann, aber seine Stimme war unnachahmlich und seine Interpretation ohne jedes Pathos. »Wenn an der Kimm in sachtem Fall eintaucht der feuerrote Ball, dann ich halt ich auf der Düne Rast, ob sich nicht zeigt ein lieber Gast.« Georges Seelied, das mit der Zeile endet: »was hat der ganze Tag gefrommt, wenn heut das blonde Kind nicht kommt«. Wie viele mögen ihre blonden Kinder zu Hause vor sich gesehen haben.

Ich hatte zwei Freundeskreise, mit denen ich täglich zusammen war. Zunächst die zwei Freunde aus Rendsburg, Franz Kemme, ein Landwirt aus Kedingen, und Werner Beckendorf, ein junger Kaufmann aus Hamburg. Wir schliefen nebeneinander und stießen uns gegenseitig gelegentlich die Knie in den Bauch, aber das änderte nichts an unserer Freundschaft. Eher schon, wenn sie mich zum Skat überredet hatten und ich das Spiel nach 20 Minuten so langweilig fand, daß unter meiner Unkonzentriertheit immer auch mein Partner zu leiden hatte. Auch nach der Entlassung aus der Kriegsgefangenschaft trafen wir uns jahrelang immer wieder, meist auf Franz' Hof an der Oste. Werner und ich wurden die Taufpaten seines ersten Sohnes.

Der andere Kreis bestand aus etwas älteren Herren, sie kamen aus Kiel oder Norddeutschland. Eng verbunden war ich auch lange nach dem Krieg mit dem schon genannten Ludwig Kiehn und mit Klaus Thiede, beide aus Kiel. Nicht mehr getroffen habe ich Friedrich Schleicher aus Hamburg, Verlagsleiter der Hanseatischen Verlagsanstalt in Hamburg, und Wolfgang Strauß vom Bertelsmann Verlag in Gütersloh. Ludwig Kiehn war, bevor er eingezogen wurde, Direktor der Pädagogischen Hochschule in Kiel und wurde nach dem Krieg zunächst auch wieder in diese Position berufen. Klaus Thiede war zuletzt Professor für Volkskunde in Wien und war der beste Kenner des deutschen Bauernhauses. Sein »Blaues Buch« über deutsche Bauernhäuser stand auch bei mir im Bücherschrank. Nach seiner Rückkehr nach Kiel wurde er bald einer der leitendenden Beamten im Landwirtschaftsministerium Schleswig-Holsteins und einer der wichtigsten Berater in landwirtschaftlichen Fragen und Vertrauter des ersten schleswig-holsteinischen Ministerpräsidenten Theodor Steltzer.

Ich sprach ihn nach einem Vortrag über Bauernhäuser an und erzählte ihm, daß ich sein »Blaues Buch« besaß. Wir kamen dann bald über Kiel und Schleswig-Holstein ins Gespräch, und er machte mich mit seinen Freunden bekannt. Ich hatte ihm meine plattdeutschen Gedichte gezeigt, die ich schon in Großborn zu verfassen begonne hatte. Auch in der Gefangenschaft trieb ich noch Papierreste auf und schrieb weiter. Klaus Thiede hielt mich für einen der kommenden niederdeutschen Dichter, und auch Friedrich Schleicher ermunterte mich und schlug mir vor, die Gedichte nach meiner Rückkehr an Hermann Claudius und Friedrich Ernst Peters, beides norddeutsche Lyriker, zu schicken.

Die Korrespondenz mit Friedrich Ernst Peters fiel mir zufällig kürzlich in die Hände. Seine Äußerungen waren freundlich, ermunternd, aber gewiß nicht enthusiastisch. Für mich waren die Gedichte wohl die Verarbeitung meines Heimwehs.

Zu Hause schrieb ich später Gedichte auf hochdeutsch, aber ich merkte bald, daß ich hoffnungslos dem Rilketon verfallen war und stellte das Verfassen lyrischer Texte ein.

Die Gespräche mit den vier älteren Kameraden aus der Gefangenschaft waren für mich aus anderem Grunde wichtig. Alle vier hatten ja sehr unterschiedliche Erfahrungen. Sie waren wohl alle Anfang vierzig, hatten wohl die Weimarer Zeit aus unterschiedlichen Perspektiven erlebt und hatten alle dem Nationalsozialismus kritisch oder indifferent gegenübergestanden. Klaus Thiede war in Wien zwar zeitweilig Assistent bei Otmar Spann gewesen, aber das war ja gewiß kein Faschist, wie etwa Karl Schmitt, sondern ein sehr konservativer, ständisch denkender Sozialphilosoph. Alle vier halfen mir also zum Verständnis der Vergangenheit, klärten mich über Vorgänge auf, die ich nicht kannte.

Wir lasen und diskutierten die amerikanische Armeezeitung »Stars and Stripes«. Aus ihr hatten wir erfahren, daß der Krieg zu Ende war. In Remagen waren wir um den ersten Mai herum noch im Karree angetreten, um des Heldentodes unseres »geliebten Führers« zu gedenken. In Attichy geschah anläßlich des Kriegsendes nichts Ähnliches mehr. In Stars und Stripes sahen wir auch die ersten Bilder von den Greueln und dem Terror der Nationalsozialisten in den Konzentrationslagern, die verhungerten Elendsgestalten, die Berge von Leichen und Skeletten. Wir konnten an soviel Grausamkeit bei deutschen Menschen kaum glauben, aber ich hatte diese Leichen stets vor Augen.

Auch über unsere Zukunft sprachen wir. Wir wußten ja um die zerstörten Städte, hatten alle seit langem Zeit keine Verbindung mit zu Hause gehabt und wußten nicht, ob unsere Wohnungen noch standen. Wir glaubten nicht an einen schnellen Wiederaufbau. Ich wußte allerdings bald eines: Ich wollte beruflich mit Menschen zu tun haben, aber eines wußte ich auch, ich wollte kein Mediziner werden. Das Ergebnis der vielen Gespräche war: Ich konnte Lehrer, Pastor oder Journalist werden. Für diese Berufe schien es bei mir die Begabung und Voraussetzungen zu geben. Trotz vieler unsicherer Faktoren würde die Zukunft darüber entscheiden. Manchmal saß ich am Rande des Lagers, um nachzudenken. Um mich herum Sandwüste, hinter mir der Stacheldraht, neben mir die Wachtürme. Ich fragte mich, wie habe ich den Krieg erlebt? Ich war ja ganz jung, unabhängig aufgezogen. Gewiß, ich liebte meine Eltern, hatte eine enge Beziehung zu ihnen, aber sie hatten mich zur Unabhängigkeit erzogen, und ich war für mich selbst verantwortlich.

In diesen Tagen habe ich gerade wieder in Sartres »Fliegen« die Worte des Orest gelesen: »ich bin frei und wie frei und welch herrliches Nirgendsein ist meine Seele«. Erst jetzt im Alter merkt man, daß man Philosophie erlebt hat. Damals wußte ich natürlich nichts von Sartre und Camus, Jaspers und Heidegger, hatte nie etwas von Kierkegaard gehört und dem Zusammenhang von Freiheit und Angst, von Ausgesetztheit und Ungeborgenheit, von Grenzsituationen, von dem Weg durch Unheimlichkeit, Langeweile und Angst zur Existenz. Aber ich hatte das alles erlebt. Wie konnte das sein? Ich kam aus einem entschieden pazifistischen Elternhaus und war nach eineinviertel Jahren Offizier. Für Alter und Dienstgrad hoch ausgezeichnet, wegen Tapferkeit vorzeitig befördert. Nach allerlei abenteuerlichen Aktionen in den letzten Kriegswochen zu höheren Weihen eingereicht. Aber

Gott sei Dank, in meinem Führungsbuch, das ich auch in Gefangenschaft bei mir trug, stand in jedem Zeugnis: Muß sich sein zivilisti-
sches Verhalten abgewöhnen. Ich habe selten einen Stahlhelm getragen, vielleicht hielt ich es für einen Ausdruck von Gottvertrauen,
natürlich war es Leichtsinn.

So etwas nennt Camus Absurdität, der Bruch zwischen Mensch und
Welt, das Anerkennen des Unvereinbaren. Zwischen 18 und 20 Jahren
habe ich Existenzphilosophie gelebt. Aber wieviel Entwürdigendes
und Demütigendes hatte ich gesehen. Noch hier im Lager, wenn sich
ältere, höhere Offiziere um die letzten Brotkrumen prügelten und in
der Nacht ihre Kameraden im Zelt terrorisierten. In den letzten
Kriegstagen, als sich uns in den halbverlassenen Dörfern sexuell
ausgehungerte Frauen an den Hals warfen und noch mehr von uns
erwarteten, wir waren ja die letzten deutschen Männer. Der Feind
würde in den nächsten Tagen kommen, er würde vielleicht schwarz
sein, Rassenschande stand bevor. So war es ihnen ja eingetrichtert
worden – Gedanken vor dem Stacheldraht nahe dem Wachturm.

Dann wurden einige von uns entlassen. Ich war dabei. Mein Freund
Franz hatte mich zum landwirtschaftlichen Gehilfen ernannt. Vielleicht wurde ich deshalb so plötzlich entlassen. Die Ernte war allerdings nicht mehr zu retten, denn es war bereits Ende Oktober. Wir
wurden in die Nähe von Bielefeld transportiert, in ein britisches
Entlassungslager. Nach ein paar Tagen wurden Transportgruppen
zusammengestellt. Wir hatten unsere Entlassungspapiere. An einem
strahlenden, aber kalten Mittag, früh im November, landeten wir auf
dem Exerzierplatz in Kiel. Nach hundert Schritten stand ich bei
meinen Eltern vor der Tür. Mein ganzes Gepäck war in einem Brot-
beutel untergebracht, den ich in einer Hand trug. Ich wog noch 90
Pfund, aber hatte von der vielen Sonne und dem Wind eine frische
Gesichtsfarbe und war braungebrannt. So schloß mich meine Mutter
in die Arme.

Studium

Die Kieler Universität nahm ihre Arbeit bereits wieder im Winter 1945 wieder auf. Vorlesungen und Seminare waren auf verschiedene, teilweise zerstörte Häuser im Kieler Norden verteilt. Zunächst fanden sie sogar auf ausrangierten Schiffen statt. Hier gab es auch erste Unterkünfte für Studenten und Studentinnen. Die alten Universitätsgebäude aus dem Ende des 19. Jahrhunderts waren größtenteils zerstört, vor allem das Kollegienhaus mit den Repräsentationsräumen der Universität. Wie oft hatte ich als großer Junge in der Aula Kammerkonzerte und Dichterlesungen gehört und szenische Veranstaltungen erlebt. Einige von den Gebäuden der Universitätsklinik waren noch funktionsfähig und auch wenige Hörsäle in diesem Bereich. Aber die Entscheidung war gefallen, die Universität sollte im Areal und unter Benutzung der Gebäude der Elektroakustik Apparatebaugesellschaft am Ravensberg wiederaufgebaut werden. Einige Vorlesungen fanden hier schon statt, auch die Mensa wurde schon in der Werkskantine eingeräumt. Verwaltung und Studentenwerk wurden in Baracken untergebracht, aber der Wiederaufbau begann.

Wir Studenten mußten dabei mit Hand anlegen, wurden zu »Arbeitsdienststunden« verpflichtet, von deren Erfüllung die Zulassung für das nächste Semester und die Zuteilung der Bezugsscheine für die Mensa abhingen. Aber vor dem Beginn des Fachstudiums mußten wir Kriegsteilnehmer ein Eingangssemester absolvieren. Wir hatten ja bei unserer Einberufung nur einen Reifevermerk mit vielen Versprechungen erhalten, die längst nicht mehr gültig waren. Erst am Schluß des bestandenen Eingangssemesters stand das Abitur. Die Studentinnen und Nichtkriegsteilnehmer hatten ja schon jahrelang studieren können.

Aber das Eingangssemester war für uns ein Glücksfall. So wie die

Kriegsgefangenschaft bei aller physischen Belastung, die sie mit sich gebracht hatte, im Rückblick auch eine Gelegenheit zu ernsthaftem Nachdenken und eine wertvolle Erfahrung gewesen war. Im Eingangssemester mußten wir vier Fächer belegen. Zwei davon waren obligatorisch, nämlich Deutsch und Mathematik. Ich wählte dazu Geschichte und Latein. Wir hatten hervorragende Lehrer, ich lernte sogar in Mathematik etwas hinzu und konnte meine Zensur im Abschlußzeugnis der Schule wesentlich verbessern. Mit meinem Deutschlehrer führte ich auch später noch manches Gespräch. Er war aus dem Osten vertrieben worden, wurde aber schon bald nach dem Krieg Direktor meiner alten Schule. Wir lernten in diesem Jahr wieder, systematisch geistig zu arbeiten. Ich hatte ja schon auf der Nachrichtenschule entdeckt, wie sehr diese Fähigkeit verschüttet war. Unser Wissen, das in der Schule nur unzulänglich entwickelt war, wurde wesentlich bereichert, und wir spürten etwas von dem Geist der Universität. Jede Woche gab es einen Dies academicus, an dem wir Vorträge und Vorlesungen aus allen Fachgebieten hören konnten. Ganz lebendig ist mir in Volkswirtschaft ein Nachmittag mit Karl Schiller in Erinnerung. Er schien ungewöhnlich jung zu sein, trug in dieser Zeit der tristen, abgetragenen Uniformen einen schicken Anzug und eine leuchtend bunte Fliege. Er stand nicht hinter dem Katheder, er saß auf dem Pult und ließ die Beine baumeln. So konnten wir mit unseren Lehrern viele Gespräche führen. Bei diesen Vorträgen, viele aus uns bis dahin unbekannten Bereichen, auch wenn wir sie inhaltlich nur streiften, wurde die Wahl unserer Studienfächer begründet.

Im Sommer 1946 begann mein erstes Fachsemester. Ich hatte mich entschlossen, zunächst so zu tun, als ob ich Lehrer für die Fächer Deutsch und Geschichte werden wollte. Aber ich dachte auch daran, mich in Theologie umzutun und vielleicht doch Pastor zu werden. Ich belegte also Vorlesungen in deutscher Literatur, Älterer und Neuerer Geschichte, aber auch in Pädagogik, Kirchengeschichte und Dogmatik und später in Kunstgeschichte und Philosophie. Vom zweiten Semester an hörte ich außerplanmäßig, im Sommer morgens von sieben bis acht und im Winter von acht bis neun, Exegese bei Professor Rendtorff und machte vorher in einem intensiven Universitätskurs das kleine Graecum.

Was blieb an Eindrücken und Erfahrungen aus diesen unterschiedlichen Studiengebieten? Was bestimmte meine berufliche Tätigkeit und mein geistiges Leben? Schon nach einem Semester war mir klar: Theologie würde nicht mein zentrales Studienfach werden. Man muß sich vergegenwärtigen, es war das erste Jahr nach dem Krieg, das erste Jahr des freien Denkens nach zwölf Jahren NS-Diktatur, das erste Jahr nach dem Druck der sogenannten Deutschen Christen auf die Bekennende Kirche. Dieser Kampf zwischen Befürwortern oder Duldern und Gegnern des Nationalsozialismus ging innerhalb der Kirchen, vor allem innerhalb der theologischen Fakultäten weiter. Dogmatik wurde von einem Ordinarius vertreten, von dem man sagte, daß er in braunen Hosen auf der Kanzel gestanden hätte. Exegese und Kirchengeschichte von Männern der Bekennenden Kirche. Versöhnung fand nicht statt, die Bergpredigt aber war für mich die Grundlage aller Verkündigung geworden. Hier wurde mir diese Grundlage eher entzogen als gefestigt.

Bei den Historikern war das anders. Für Alte Geschichte war Alfred Heuss zuständig. Gerade nach seiner Kieler Zeit wurden seine Forschungsergebnisse sehr beachtet. Seine Vorlesungen erschienen den an Theodor Mommsen in Sprach- und Systematik geschulten Hörern eher chaotisch, die Seminare aber waren originell. Aber Alte Geschichte war in diesem Bereich nicht mein Studienschwerpunkt. Eher schon mittelalterliche Geschichte und Geschichte der Renaissance bis zum Dreißigjährigen Krieg. Hier habe ich vor allem, was mittelalterliche Geschichte betraf, von Karl Jordan viel gelernt. Er war ein ausgezeichneter Lehrer, seine Vorlesungen waren übersichtlich in der Gliederung, klar in der Diktion, voller Anregungen für eigene Studien. Von eigenen bemerkenswerten Studien Jordans ist mir nichts bekannt. Vor allem lernten wir bei ihm dynastisches Denken. In der Schule war der Geschichtsunterricht ja ganz am Nationalen und am Reichsdenken orientiert. Hier lernten wir zum ersten Mal die dynastische Beziehung der Herrschaft, der Könige und Fürsten, und sahen, daß es den Gedanken vom Tausendjährigen und vom ewigen Reich, von dem unsere NS-Lehrer geträumt hatten, nicht gab.

In einer gewissen Spannung dazu stand Otto Becker, der die Neuere Geschichte vertrat. Er war ein angesehener Bismarck-Forscher und ein besonderer Kenner der preußischen Geschichte. Aber er idealisierte seinen Helden und sah die preußischen Könige eher schon als deutsche Könige als als Repräsentanten der Hohenzollerndynastie. Die preußische Geschichte wurde bei ihm vom Nationalen überdeckt. Für ihn war eben Bismarck der Reichsgründer und – fälschlicherweise – der Erhalter des Reiches. Dennoch arbeitete er alle Prinzipien der Bismarckschen Politik klar heraus. Politik als Kunst des Möglichen, Politik als Primat vor dem Militär. Wie hatte Clausewitz gesagt: Der Krieg ist die Fortsetzung der Politik unter Beimischung anderer Mittel. Auf diese Relativierung des Krieges und des Militärs legte Becker großen Wert. Auch in der Herausarbeitung des Bismarckschen Prinzips, alle Politik durch die geographischen Bedingungen bestimmen zu lassen. Deutschland als Landmacht mit mächtigen Nachbarn, England als Seemacht. Becker zeigte, mit welcher Energie Bismarck die Flotten- und die Kolonialpolitik bekämpfte, weil sie die Interessen Englands tangieren mußten und das von ihm angestrebte, ausgeglichene Verhältnis zu England störte. Ganz in unsere Erfahrung hinein stieß seine Feststellung, für Bismarck war Politik die Kunst des Nacheinander. Wir hatten Hitlers Politik des Alles oder Nichts ja kennengelernt. Hier sah man am deutlichsten, wie wenig die Politik Hitlers mit der Bismarcks zu tun hatte.

Aber Beckers Darstellung der Bismarckzeit erschöpfte sich weitgehend in der Außenpolitik. Er sah nicht das Autoritäre der Innenpolitik und das völlige Unverständnis Bismarcks für die gesellschaftlichen Entwicklungen. Die soziale Frage kam in Beckers Vorlesungen nicht vor, aber in den Seminaren. Hier gab es eine Gruppe von Studenten, die an Innenpolitik und Sozialpolitik besonders interessiert war und die Seminararbeit, besonders für die Nach-Bismarckzeit, immer wieder auf solche Fragen brachte. Ich gehörte dazu. Wir standen der Sozialdemokratie nahe und waren Mitglieder der SPD oder des SDS. Unser wichtigster Sprecher war Jochen Steffen, später Landesvorsitzender der SPD in Schlewig-Holstein und Ministerpräsidentenkandidat. »Roter Jochen« wurde er damals genannt. Ich kannte ihn noch aus der Schulzeit, er war kurze Zeit in unserer Klasse, bevor er noch vor uns anderen eingezogen wurde, da er reichlich zwei Jahre älter war als wir. Er hatte, wie er später zu sagen pflegte, dreimal den Kulturvertrag verlängert, d.h. er war so häufig sitzengeblieben, daß er die Schule wechseln mußte und bei uns gelandet war. Ich habe bei ihm als Schüler keine besonderen geistigen Regungen festgestellt, nur

Enthusiasmus für Fußball. Er lief so oft es ging hinter dem Fußball her und trug rote Holsteinstutzen. Sein Vater war übrigens Stadtamtmann. Seine sozialistische Gesinnung stammte also nicht aus einer Familientradition. Seine Einstellung änderte sich nach dem Krieg total. Wie er mir erzählte, hatte er irgendeinen Druckposten bei der Marineflak, war jahrelang in einer kleinen, abgelegenen Stellung, deren Kommandant ein linker Professor war. Der hatte Teile seiner Bibliothek dabei, und Jochen Steffen las unermüdlich. Er besaß ein glänzendes Gedächtnis und verstand auch, was er las. Er begann sein Studium mit guten Geschichtskenntnissen, hatte aber auch Karl Marx gelesen und kannte genau die politischen Strömungen der Romantik, das war wohl das Arbeitsgebiet seines Kommandanten gewesen. In Diskussionen konnte all seine Einwände literarisch belegen. Er kannte nicht nur die Autoren, er zitierte wörtlich unter Seitenangabe, ein Phänomen. Otto Becker hatte es schwer mit ihm, denn diese Art zu diskutieren war nicht seine Stärke.

Aber er hatte einen ähnlich begabten, quellengenauen Helfer, pedantischer, aber nicht so polemisch wie Jochen Steffen: Gerhard Stoltenberg. Er war der jüngste im Seminar, hatte es gleich verstanden, sich neben den Professor zu plazieren und assistierte ihm mit Geschick. Er sah aus wie ein Primaner und wie ein Primus, wußte viel, aber alles aus einer konservativen Sicht. So wurde es bei Seminarsitzungen immer spannend. Wir »Linken« waren in der Minderheit, denn Otto Becker hatte die Gründung eines historisch-politischen Klubs gefördert, der gewissermaßen die Fortsetzung der Jungen Union im historischen Seminar mit akademischen Mitteln darstellte. Nach dem Studium wurden übrigens beide, Jochen Steffen und Gerhard Stoltenberg, Landtagsabgeordnete und Assistenten bei dem Historiker und Politologen Michael Freund. Später hatten sie nebeneinander ein Ferienhaus in Eiderstedt.

Ich hatte immer ein ambivalentes Verhältnis zu Jochen Steffen. Er wurde sehr früh radikal, bekämpfte die eher konservativen Politiker in der SPD Schleswig-Holsteins wie etwa Andreas Gayck, den unvergessenen Oberbürgermeister von Kiel, Hermann Lüdemann, den ersten schleswig-holsteinischen SPD-Ministerpräsidenten, Karl Ratz, den Landtagspräsidenten, und Wilhelm Siegel, den Kultusminister. Ich bin seinetwegen aus dem SDS ausgetreten und viele Jahre nicht in einer Partei gewesen. Aber ich wußte, daß weiterhin das Herz links schlug.

Mein besonderes Interesse galt dem, was man im weitesten Sinne die Geisteswissenschaften nennt. Deutsche Sprache und Literatur, Philosophie und Pädagogik. Meine Lehrer in diesen Fächern waren alle in ihren Grundvorstellungen und Methoden von der Dilthey-Schule beeinflußt. Gewiß, das bekannteste Werk Diltheys heißt »Das Erlebnis und die Dichtung«, aber es ist naiv anzunehmen, daß das eindimensional in dem Sinne zu verstehen sei, daß Erkenntnis von Natur oder Menschen unmittelbar Dichtung hervorbringe. Etwa wie Tucholsky sagt, daß manche Menschen in gewissen Situationen Lyrik absonderten. Der Hintergrund des Diltheyschen Denkens ist primär das »Verstehen« als Prinzip der Geisteswissenschaft im Unterschied zum »Erklären« als naturwissenschaftliches Prinzip. Die Naturwissenschaften setzen bei aller Relativität auf Kausalität, bei den Geisteswissenschaften ist die Wirklichkeit vielschichtig, nicht nur rational erfaßbar, sondern auch mythisch.

Erst später habe ich von Heidegger den Unterschied von causa und fundamentum in seinem Buch »Der Satz vom Grund« gelernt. Er zitiert Angelus Silesius: »Die Ros' kennt kein warum, sie blühet weil sie blühet.«

Die allgemeine Sprachwissenschaft und die Ältere Literatur wurden in Kiel von Wolfgang Mohr vertreten. Seine Vorlesungen fanden morgens früh gleich nach der Exegese statt. Er wirkte immer frisch. Ich würde seine Art zu reden und sich zu geben musisch nennen. Aber seine Gegenstände inspirierten mich wenig. Sie waren für mich gedankliche Pflichtübungen, gotisches und altdeutsches Seminar schon eher eine Strafe Gottes. Ich verstand beides so wenig, wie ich in der Schule Algebra und Trigonometrie verstanden hatte. Mohr hielt zwei Semester lang eine vierstündige Vorlesung über die Entstehungstheorien des Nibelungenliedes. Zur Zeit des Studiums hielt ich das für überflüssig, erst später erkannte ich die Denkschulung, die in diesen Theorien lag. Sie knüpften alle an wenige Zeilen des Nibelungenliedes an, und ein junger Student suchte einmal in der Seminarbibliothek die »mittlere Not«, denn »das was der Nibelunge Not« war eine der wenigen Zeilen.

Wach wurde ich erst gegen Schluß des Studiums in einer Vorlesung über Walther von der Vogelweide. Hier interssierten mich die Reichs-sprüche. Sie waren später Prüfungsgegenstand im Rigorosum.

Die neuere Literatur vertrat Werner Kohlschmidt. Sein Veranstaltungsrepertoire reichte vom Barock bis in unsere Zeit. Von den zwei Semestern über Romantik ist mir nur seine Interpretation des Werkes von Heinrich von Kleist im Gedächtnis geblieben. Im »Prinz von Homburg« spürte man Modernes, Zeitgenössisches. Mehr noch im Aufsatz über das Marionettentheater. Mit großer Intensität kümmerte sich Kohlschmidt um das weniger Bekannte. Zum ersten Mal hörte ich mit Verstand Lyrik des Barock. Paul Gerhardt und Simon Dach, vor allem Angelus Silesius, aber auch Grimmelshausens Simplizissimus wurden zum Zeitgenossen. Denn das war ja auch unsere Zeit, die Nachkriegszeit nach dem Dreißigjährigen Krieg. Das alles wurde in mir noch einmal lebendig, als ich viel später Günther Grass' »Treffen in Telgte« las.

Auch über Justus Möser hielt Kohlschmidt ein Seminar. Er hatte einen Teil seiner Schriften ediert.

Ich habe daraus später in meinem Buch »Die dritte Aufklärung« zitiert, was Goethe über Justus Möser sagt. Auch wie er enge Verbindungen hält zu den Patrioten in den freien Reichsstädten. Ein früher, demokratischer Patriot.

Ganz in seinem Element fühlte sich Werner Kohlschmidt im Zeitraum zwischen Naturalismus und Rilkes Tod. Emil Zola schwingt da in den deutschen Naturalismus hinein, aber Zentrum der Vorlesung war das Dreigestirn Hofmannsthal, George und Rilke. Ich hatte bisher nur etwas von Rilke gehört. Kaum ein »Schatzkästlein«, eine beliebte Sendung am Sonntagmorgen während der NS-Zeit, in dem nicht Matthias Wiemann den Cornet las. Aber George und vor allem Hofmannsthal empfand ich als Offenbarung. Zeilen wie »wir sind aus solchem Zeug wie das zum Träumen« oder »ganz vergessener Völker Müdigkeiten kann ich nicht abtun von meinen Lidern« sind für mich Grundsteine zum Verständnis der Jahrhundertwende geworden. Und das alles im Alter von Anfang zwanzig geschrieben, aber auch der große Aufsatz »Wert und Ehre deutscher Sprache« von 1927.

Auch von Rilke wurde das ganz Andere entdeckt, weit über den Cornet hinaus. Das Stundenbuch aus dem Buch der Bilder, das »Karussell« und wichtigster Schlüssel zum Verständnis der Existenzphilosophie »ausgesetzt auf den Bergen des Herzens«. So schwang über Hofmannsthal und Rilke die Literaturwissenschaft in die Philosophie und Pädagogik hinein. Anregungen zu unendlichen Diskussionen gab auch eine Vortragsreihe von Werner Kohlschmidt über Thomas Manns »Doktor Faustus«, Hermann Hesses »Das Glasperlenspiel« und »Das unauslöschliche Siegel« von Elisabeth Langgässer.

Die Seminare in Sprach- und Literaturwissenschaften fanden im alten germanistischen Institut am Niemannsweg statt. Hier war die Atmosphäre sehr familiär. Wir kannten uns alle, diskutierten viel im Seminarraum, hatten unseren festen Platz in der Seminarbibliothek und verbrachten nach den Vorlesungen, die meist am Vormittag stattfanden, den ganzen Tag bis zum späten Abend im Seminar. Im Winter war es ja zu Hause eng und ungemütlich. Wir spielten auch gemeinsam Theater, meist frühe Volksstücke oder ganz Modernes. Ich war eine Art Dramaturg und entdeckte mein Interesse und meine Liebe zum darstellenden Spiel. Meine theoretische Arbeit daran verlagerte sich aber in die Pädagogik.

Philosophisches war mir schon vor dem ersten Fachsemester begegnet. Während des Eingangssemesters hielt der Philosoph und Pädagoge Otto Friedrich Bollnow offene Vorlesungen zum Thema »Einfache Sittlichkeit«. Otto Friedrich Bollnow lehrte kurze Zeit an der Kieler Universität. Bekannt wurde er ja auf dem Lehrstuhl Eduard Sprangers in Tübingen. Einer der wenigen Hörsäle der alten Universität, der Hörsaal für Zoologie, war bei seinen Lesungen übervoll. Wir saßen auf den Fensterbänken und auf dem Fußboden. Der Professor mußte buchstäblich über Menschen hinweg zum Pult turnen. Wir waren ja aufgewachsen mit den hohen Idealen von Volk, Nation, Ehre, Pflicht und dem kategorischen Imperativ. Hier sprach jemand in schlichter Diktion über Menschliches und über das Miteinander von Menschen. Über Güte des Herzens, des Mitleids, die Freude, den Leichtsinn, den Ernst, das Bewußtsein. Unvergeßlich die Stunde über die Anständigkeit, nicht nur über das, was den Menschen seinem Stand entsprechend wohl ansteht, sondern in seinem Verhalten zum anderen Menschen. Mir ist der Begriff immer wieder begegnet und besonders eine Zeitlang im Zusammenhang mit der Existenzphilosophie wichtig geworden. In einer Interpretation von Albert Camus' »Die Pest« übersetzt Bollnow das französische Honnêteté mit Anständigkeit, und

Kierkegaard meint gegen Ende seines kurzen, kämpferischen Lebensweges: »Ich bin Redlichkeit.«

Mein Lehrer in Philosophie war Ludwig Landgrebe, der zeitweise auch in Kiel lehrte. Landgrebe war Husserl-Schüler und hat mehrere wichtige Bücher über die Phänomenologie geschrieben. Seine Hauptvorlesung hieß: metaphysika specialis. Über Inhalte ist mir aus den Vorlesungen nichts im Gedächtnis geblieben, aber viel über die Denkmethode. Jede neue Vorlesungsstunde begann mit einer langen Wiederholung der vergangenen, fast die Hälfte der Vorlesungszeit. Aber es war eigentlich eine neue Stunde. Das Vergangene wurde ergänzt, erschien plötzlich in neuer Perspektive. Die Phänomene wurden umkreist, das Seiende erschien in neuen Facetten, aber das Sein dahinter konnte man nur ahnen. So muß es auch bei Husserl gewesen sein. Von ihm wird berichtet, daß er zum Leidwesen und zur unablässigen Nervenprobe seiner Verleger seine Bücher immer wieder umschrieb. So lernten wir, was Phänomenologie ist, und sie wurde wichtig für mich, auch für andere Phänomene als die der Philosophie.

Aber Landgrebe hielt auch eine Vorlesung über Hegel und Marx. Über dieses Thema ließ ich mich im Philosophikum prüfen. Ich hatte gelernt, mit Marx' Texten unvoreingenommen und genau umzugehen. Das hatte ich später den meisten 68ern voraus.

Mein wichtigster akademischer Lehrer war gewiß Fritz Blättner. Er war auch in wichtigen Abschnitten meines beruflichen Weges ein unerläßlicher Ratgeber. Fritz Blättner vertrat in Kiel Pädagogik und Psychologie. Beide Bereiche wurden ja damals von den wichtigsten Vertretern der Pädagogik eng verbunden gesehen. Vor allem aber reichte die Pädagogik in die Philosophie hinein. Das galt für die bekanntesten Gelehrten dieses Fachs wie Eduard Spanger, Herman Nohl, Theodor Litt und Wilhelm Flitner. Fritz Blättner kam aus Hamburg. Er war viele Jahre der engste Mitarbeiter von Wilhelm Flitner gewesen. Wegen seiner ablehnenden Haltung dem Nationalsozialismus gegenüber hatte er in Hamburg keine Professur bekommen. 1944 bis 1946 hatte er neben einer Stelle als wissenschaftlicher Rat die Hamburger Volkshochschule geleitet und durch gute Beziehungen zum Hoffmann und Campe Verlag schon 1946 ein Buch mit dem Titel »Ein Wort an die akademische Jugend« veröffentlicht. So eilte ihm ein bedeutender Ruf voraus, die Vielfältigkeit seiner Themen und sein stets freier Vortrag machten ihn zu einem beliebten Lehrer. Sein »Wort an die akademische Jugend« war ganz vom deutschen Idealismus bestimmt und beschwor Goethes Lebens- und Erkenntnisideale. Seine erste Vorlesung hieß »Philosophie der Kultur«. Das deutet schon den weiten Horizont seiner Gedankenführung an. Kontinuierlich wurde dann die Bildungsgeschichte behandelt, aber auch Themen wie Psychologie der Lebensalter und der Lebensläufe. Besonders im Gedächtnis geblieben ist mir eines seiner ersten Seminare unter dem Thema »Lockes, Leibniz' und Herders Anschauungen über den Menschen«. Hier lernte ich den Unterschied zwischen Empirismus und Idealismus als wichtiges Element meiner späteren philosophischen Studien verstehen.

1947 und 1948 wurde Fritz Blättner zweimal nach England eingeladen, um dort Einrichtungen der Erwachsenenbildung zu studieren. Das führte dazu, daß er viel über die Entwicklung der Erwachsenenbildung in Deutschland las und 1949/50 das Seminar für Erwachsenenbildung als institutionellen Teil des Instituts für Pädagogik gründete. Mich veranlaßte die Beschäftigung mit der Erwachsenenbildung, ihn um ein Thema für meine Dissertation zu bitten. Ich schrieb unter dem Titel »Das Laienspiel« über die pädagogische Bedeutung des darstellenden Spiels.

Kulturelle und politische Erfahrungen

Zum studentischen Leben gehörten die Freundes- und Gesprächskreise mit Kommilitonen und Kollegen. Ich hatte mich drei dieser Kreise angeschlossen. Das war zunächst der Kommilitonenkreis im germanistischen Seminar. Wir führten viele Gespräche, über Literarisches vor allem, auch über das, was uns neu begegnete, und wir bereiteten Amateurtheaterspiele vor. Im Gedächtnis sind mir Gespräche mit Peter Brunkert geblieben, er war später der Leiter des Jugendhofs Schersberg, den er zu einem wichtigen Zentrum des Amateur- und Jugendtheaters in der Bundesrepublik Deutschland machte. Ebenso gegenwärtig ist mir Jolante Erdmann, eine der wichtigsten Mitspielerinnen. Sie war die Tochter des berühmten Pianisten Eduard Erdmann und wurde später die zweite Frau Emil Noldes, obwohl sie mehr als 50 Jahre jünger war als er. Nolde und Erdmann waren eng befreundet. Ich verdanke ihr einen Besuch in Seebüll im Haus Noldes in meiner Zeit in Leck im Winter 1950/51.

Der andere Kreis bildete sich im Seminarbereich der Philosophen, Psychologen und Pädagogen. Assistenten und wissenschaftliche Hilfskräfte trafen sich hier im Haus 3 der Universität auf der gleichen Etage. Die dominierenden Figuren dieses Kreises waren Hans Hermann Groothoff, Assistent bei Ludwig Landgrebe, Hermann Wegner, Assistent bei Fritz Blättner und Karl Mierke. Beide wurden bedeutende Vertreter ihres wissenschaftlichen Faches. Ich bin beiden in meinem Berufsleben gelegentlich wieder begegnet.

Der wichtigste Kreis war für mich der Kieler Studentenclub. Er war aus dem ersten ASTA nach dem Krieg entstanden. Zu ihm gehörten im Laufe der Zeit etwa 25 Mitglieder, meist solche, die im studentischen Leben politisch aktiv geworden waren. Wir legten Wert darauf, ein Club zu sein und zu bleiben, und wehrten uns beharrlich dagegen, zu einer studentischen Verbindung zu werden. In diese Richtung wurden einige Versuche unternommen, denn einige unserer Clubfreunde kamen aus Familien, in denen die Väter oder andere Verwandte Mitglieder in Verbindungen, Burschenschaften oder Corps gewesen waren. Besonders die wiederbelebte Burschenschaft Teutonia und ihre alten Herren warben unermüdlich um uns.

Unser Clubleben war ganz ähnlich wie ich es später im Rotary Club kennenlernte. Wir waren ein Männerclub, aber unsere Freundinnen, Verlobten oder späteren Ehefrauen nahmen aktiv am Clubleben teil. Wir trafen uns lange Zeit jede Woche in einem kleinen Tennishaus in Düsternbrook. Bei jedem offiziellen Treffen wurde ein Vortrag gehalten und danach intensiv und lange diskutiert. So war zum Beispiel der Paragraph 218 ein Dauerthema mit Argumenten, wie sie noch heute zu hören sind. Aber auch die Schulreform, die Frage der Einheitsschule und die Dauer der Grundschule waren wichtige Fragen der Zeit. Die Clubfreunde kamen aus allen Fachbereichen. Das machte die Diskussionen so vielfältig und spannend.

Wir übten uns nicht nur im Reden, sondern auch im Zuhören und in der Toleranz gegenüber der Meinung des Andersdenkenden. Wir fühlten uns dabei sehr englisch.

Ein ständiges und reichhaltiges Gesprächs- und Vortragsthema waren unsere neuen Erfahrungen im Bereich der Kunst und der Kultur. Alles für uns Neue in Kunst und Kultur faszinierte uns, und fast alles war für uns neu. Wir waren ja zwölf Jahre von der Entwicklung der Weltkultur abgeschnitten und ausgeschlossen gewesen. Der Umgang mit den Kulturleistungen des eigenen Volkes in den 20er Jahren war uns versagt. Sie galten weitgehend als entartet und verfemt, ihre Bücher wurden verbrannt. Wir hatten Thomas oder Heinrich Mann, Bertolt Brecht, Alfred Döblin, Lion Feuchtwanger oder Kafka nie gelesen, durften nicht einmal die Werke unserer Landsleute Emil Nolde, Christian Rohlfs oder Ernst Barlach sehen, wußten natürlich nicht, daß es Picasso oder Mattisse gab, hatten nichts von Sartre und Camus, von Hemingway, Thomas Wolf und Thornton Wilder gehört. Wir kannten keine Musik von Mahler, Schönberg, Hindemith oder Strawinsky. Das alles stürzte nun auf uns ein. Wir waren häufiger im Theater, im Konzertsaal, in Ausstellungseröffnungen als im Hörsaal. In Kiel waren um diese Zeit hervorragende Schauspieler und Regisseure. Bernhard Minetti, Dieter Borsche, Elfriede Kuzmani, Werner Fürstenau, Gustav Rudolf Sellner und Horst Gneckow. Wir sahen Thorton Wilders »Wir sind noch einmal davongekommen« und »Unsere kleine Stadt«, Anouilhs »Antigone«, Sartres »Die Fliegen«, »Die schmutzigen Hände«, »Die geschlossene Gesellschaft«, Brechts »Mutter Courage«, aber wir beschäftigten uns auch mit dem Neuen, dem unmittelbar Zeitgenössischen. Wir sahen Ausstellungen von Cesar Klein, von Friedrich Gotsch und Willi Knoop. Viel diskutierte Bilder dieser Zeit in Kiel und Schleswig-Holstein. Es waren die wenigen Nummern des »Ruf« von Hans Werner Richter und Alfred Andersch, die Gruppe 47 entstand, und natürlich lasen wir Wolfgang Borchert oder sahen »Draußen vor der Tür« in einer der zahlreichen Aufführungen in Hamburg und in der Provinz. Oder wir sahen den Film »Liebe 47«. Heute fragen wir kritischer als damals, durch Erfahrungen gereift. »Was bleibt?« wie Christa Wolf in diesen Tagen fragt, und wir müssen Kritik ertragen an unserer früheren Einstellung und an unserer neuen kritischen Erfahrung, denn vieles von dem, was uns damals als Kultbuch erschien, zum Beispiel Alfred Anderschs »Kirschen der Freiheit«, wurde von ihm selbst übertroffen. Heute ist mein wichtigstes Werk Anderschs »Efraim«, mein wichtigster Nossak neben dem »Untergang« »Die unmögliche Beweisaufnahme«. Von Böll sind es: »Wo warst du, Adam«, »Und sagte kein einziges Wort«, »Billiard um halb zehn« und »Die Ansichten eines Clowns«. Von zentraler Bedeutung in dieser Zeit war auch die Beschäftigung mit den Filmen »In jenen Tagen«, die erste deutsche Produktion nach dem Krieg, die Geschichte eines Autos und seiner Fahrer durch NS-Zeit und Krieg, »Liebe 47« nach Wolfgang Borchert, »Film ohne Titel«, in dem zum ersten Mal Hildegard Knef zu sehen war und »Berliner Ballade« mit der Erfindung von Otto Normalverbraucher. Die Studenten dieser Zeit und die jungen Akademiker waren alle im Filmclub. Wir standen gegen »Die Förster vom Silberwald« und gegen die »Sissys«.

Aber auch philosophische Literatur wurde breit diskutiert. Camus' »Der Mythos von Sisyphos«, Guardinis »Das Ende der Neuzeit« und »Die Macht«, Hans Sedelmeiers konservative Analyse der modernen Kunst, »Verlust der Mitte«, Robert Jungks erstes Buch »Die Zukunft hat schon begonnen« verwies uns in neue Welten. Ich nenne das Ganze das Kulturwunder. Es prägte die jungen Intellektuellen meiner Generation. Es wurde zur Voraussetzung für den Wiederaufbau des Gemeinwesens und des Wirtschaftswunders.

Noch schwangen in mir die Erlebnisse und politischen Erfahrungen der Kindheit, Atmosphärisches aus Familie und Schule nach, als ich nun die ersten Erfahrungen mit dem demokratischen Neuaufbau in den Kommunen im Land Schleswig-Holstein und schließlich nach der Gründung der Bundesrepublik Deutschland machte. Manches Gespräch in der Kriegsgefangenschaft hatte diese Erfahrungen vorbereitet. Schon im ersten Studienjahr wurde im ASTA in Kiel Demokratisches versucht. Zunächst bestimmt, später behutsam kanalisiert durch die Besatzungsmächte. Wir in der britischen Zone hatten Glück. Die Engländer operierten geschickt und verstanden es, Reeducation im Bildungswesen als Reconstruction (= Reorganisation) umzusetzen.

Erste sichtbare Aktivitäten des demokratischen Aufbaus gab es im kommunalen Bereich. In Kiel, einer Stadt, in der etwa 80 Prozent des Wohnraums im Krieg zerstört wurde und der die wirtschaftliche Basis, Werften, Hafen und Marine, entzogen war, galt es vor allem, drei Aufgaben entschlossen anzupacken: Trümmerräumung, Wohnraumbeschaffung, Suche nach neuen Arbeitsmöglichkeiten für eine durch die Heimatvertriebenen eher noch gestiegene Einwohnerzahl. Es gab ideenreiche, energische Männer und Frauen, die ihre Aufgabe und ihre Verantwortung erkannten. Um drei Namen zu nennen, die für die Anfangsphase des Wiederaufbaus standen: Andreas Gayck als Oberbürgermeister, Prof. Jensen als Stadtbaurat und Tony Jensen als Stadtschulrätin. Zunächst wurden die Trümmer geräumt und die gayckschen Wälder angelegt – mit spezielle Pflanzenarten begrünte Trümmerflächen zur Vermeidung von Staubflug und gegen die Tristesse des Alltags. Gayck kämpfte sodann energisch gegen die weitere Zerstörung der Werftanlagen durch die Besatzungsmacht und siedelte mit Erfolg neue Industrien an. Mit geradezu abenteuerlichen Methoden begann der Neubau von Wohnungen.

Das war alles bestimmt durch manche autoritäre Entscheidung. Idealdemokratie, wie die 68er sie später anmahnten, gab es in diesen Jahren nicht, aber innerlich eine demokratische Grundhaltung, den uneingeschränkten Respekt vor den Menschenrechten und auch ein bißchen Vergnügen. Bei allem Ernst des Alltagslebens entwickelte sich die

Kieler Woche, einst ein exklusives Seglertreffen, zu einem von der ganzen Bevölkerung begeistert begrüßten und phantasievoll gefeierten Volksfest.

Die politische Entwicklung im Land Schleswig-Holstein berührte uns Studenten nicht so unmittelbar wie das Leben in der Stadt. Im November 1945 wurde der frühere Landrat von Rendsburg, Theodor Steltzer, von der Militärregierung als Oberpräsident eingesetzt, im August 1946 erhielt die Provinz den Status eines Landes, Theodort Steltzer wurde erster Ministerpräsident. Im April 1947 fanden die ersten freien Wahlen zum Landtag statt. Die SPD wurde stärkste Partei und Hermann Lüdemann der erste gewählte Ministerpräsident des Landes. Die Entscheidung der Bevölkerung für die SPD hatte in zwei Bereichen wichtige Konsequenzen. Die Entnazifizierung wurde konsequent und zügig vorangetrieben, und die Kontrollratsanordnungen zur Landreform wurden konsequent umgesetzt. Viele adelige Güter wurden aufgesiedelt, und es wurde so eine neue selbständige Bauernschaft geschaffen und damit ein wichtiger Beitrag zur Verbesserung der Ernährungslage und zur Stabilisierung der Gesellschaft geleistet. Mit der Währungsreform im Juni 1948 begriffen meine Freunde und ich, daß uns nun auch die Politik über das Lokale hinaus, wie etwa der Wiederaufbau und die Neuordnung, unmittelbar als gesellschaftliche Aufgabe betraf, denn schon bald nach der Einführung des stabilen Geldes zeigte sich, daß die Gesellschaft sich veränderte. Das Wiedererstarken der Wirtschaft, in der es sich wieder lohnte, Geld zu verdienen, hatte Einfluß auf anderes, zum Beispiel kulturelle Aktivitäten. Uns wurde die Bedeutung von Entscheidungen, welche die Grundlagen der gesellschaftlichen Weiterentwicklung betrafen, bewußt. Wir waren mehrheitlich sozialliberal orientiert, meist ohne einer bestimmten Partei anzugehören.

Ich begann mich zunehmend für Gewerkschaften, besonders für gewerkschaftliche Bildungsarbeit zu interessieren. Die Diskussionen um das Grundgesetz beschäftigten uns, auch die getrennte Währungsreform und dann die politische Trennung von Ost und West. Noch begriffen wir nicht recht, wie sehr die Gründung der Bundesrepublik Deutschland 1949 und ihre ersten politischen Schritte die Existenz des sogenannten Eisernen Vorhangs stabilisieren würden. Die Entscheidung des Bundestages für Konrad Adenauer als Bundeskanzler mit einer – seiner eigenen – Stimme, regte uns nicht sehr auf. Mir waren beide Kontrahenten wenig sympathisch. Konrad Adenauer wegen seiner katholischen Wertorientierung, Kurt Schumacher wegen seiner schrillen nationalen Töne, vielleicht mehr noch wegen seiner im KZ zerstörten, verbitterten Persönlichkeit, die mir zwar Respekt, aber keine Sympathie abnötigte.

Ich schätzte Persönlichkeiten wie Carlo Schmid, Theodor Heuss und Louise Schröder, und erschrak schon bald über den Zug zur Restauration in Deutschland. Es war ja nicht zu vermeiden, daß wir von alten Leuten regiert wurden, und ihrer Tatkraft und Leistung gehört auch mein uneingeschränkter Respekt, vor allem in Norddeutschland die Lüdemanns, Brauer, Schönfelder, Kaisen, Kopf, Grimme und natürlich vor ihnen Theodor Steltzer. Wer hatte soviel demokratische Erfahrung wie sie, für diese demokratische Gesinnung soviel durchlitten. Aber auf dem Fuße folgten die Globkes und sehr bald das Heer der laut Paragraph 131 wieder einzustellenden Beamten (April 1951). Und in der Welt die anderen: der Greise de Gaulle, Eisenhower und De Gasperi, und noch immer waren Franco und Stalin an der Macht, und in der DDR regierten Pieck, Grotewohl und Ulbricht.

All das beeinflußte mich in der letzten Phase des Studiums und bei den ersten Versuchen, mich politisch zu betätigen, und prägte meine Persönlichkeit.

In diesen Wochen, in denen ich diese autobiographischen Aufzeichnungen mache, bereite ich eine Vortragsreihe vor zum Thema »Nachkriegsliteratur wieder gelesen«. Die Beschäftigung mit der Literatur zwischen 1946 und 1955 führt vieles wieder vor Augen, was uns damals bewegte. Eine erste, für uns wichtige Romananalyse war Wolfgang Koeppens Trilogie »Tauben im Gras«, »Das Treibhaus« und »Der Tod in Rom«. Besonders »Das Treibhaus« stellt die Reflektionen eines Intellektuellen dar, den es in die Politik verschlagen hat, und der nun in seiner idealistischen Gesinnung mit einiger Verzweiflung gegen die restaurative Entwicklung ankämpft, insbesondere gegen die Wiederbewaffnung Deutschlands.

Aber das alles sollte ja noch einmal lebendig werden, 40 Jahre später, nach dem Fall der Mauer. Wie empfanden wir Glück darüber, daß unsere Landsleute frei sind! Alle schwärmten von der unblutigen Revolution. Aber war es wirklich eine Revolution? Wurde nicht nur ein Regime abgelöst? Klammert man sich nicht so entschieden an die Verfolgung des Stasiterrors und der in ihm meist nur im weitesten Sinne Verstrickten? Erstickt man darin nicht das Neue, Revolutionäre? War es wirklich Vereinigung? Wiedervereinigung schon gar nicht, denn andere alte Reichsgebiete gehören ja nach diesem Krieg mit Recht nicht mehr dazu. Aber war es nicht nur Anschluß, und sind nicht die ersten Entscheidungen schon wieder Restauration? Besonders die Erneuerung des Nationalstaates als Staatsform? Diese Auffassung vom Staat wird zwar gerade in dem von totalitärer Herrschaft befreiten Osten wieder erneuert und begünstigt die Entstehung eines neuen Nationalismus. Welchen Grund aber gibt es für uns, nicht über neue Staatskonzepte nachzudenken? Immerhin waren die Deutschen nur etwa 70 Jahre in einem Nationalstaat vereinigt, und die Entwicklung des Nationalismus im Nationalstaat führte zur Enstehung zweier Weltkriege.

Was also bleibt? Die Erkenntnis, daß die Suche nach der nationalen und personalen Identität erst beginnt. Am Tag, als die Mauer fiel, las ich in Otto Friedrich Bollnows Buch über den französischen Existenzialismus einen Abschnitt über Antoine de Saint-Exupéry. In dem Buch »Zitadelle« schreibt Exupéry: »Der Mensch reißt die Mauern nieder, um sich seine Freiheit zu wahren. Aber nun ist es nur noch eine geschleifte Festung, die sich den Sternen öffnet. Dann beginnt die Angst vor dem Nichtsein. Es ist die Angst des der Ungeborgenheit preisgegebenen Menschen, der mit den Schranken zugleich auch seinen Schutz verliert.« So schnell also ist man bei philosophischen Überlegungen, und ich merke, wie bei meinen ersten Versuchen dieses Philosophische in meine Lebensarbeit hineinzuschwingen begann.

Erste Versuche in der Erwachsenenbildung

Meine ersten pädagogischen Versuche begannen vor meinen Vorbereitungen zu meiner Dissertation, führten aber schon auf ihr Thema hin. Durch Zufall hatte ich einen der Education Officers der Militärregierung kennengelernt, ein äußerst gebildeter Mann. Er war schon vor dem Krieg mit einer Deutschen verheiratet, interessierte sich für deutsche Literatur und Musik, und er – oder war es seine Sekretärin – wollte einen Theaterspielkreis für Kinder gründen. Sie sollten Märchenstücke spielen und diese bei Festen oder anderen Gelegenheiten aufführen. Er bat mich, dafür Texte zu schreiben und bei der Einstudierung der Stücke zu helfen. Meine Idee war es, die Kinder dazu zu bringen, bekannte Märchen nachzuerzählen. Die Texte entständen dann in ihren eigenen Worten. Soweit ich mich erinnere, spielten wir Aschenputtel, Schneewittchen und König Drosselbart. Allen machte es viel Spaß, nicht zuletzt, weil es bei den Aufführungen von der englischen Heilsarmee Kakao und reichlich Kekse gab.

Bei der ersten Besprechung eines Themas für eine Doktorarbeit erzählte ich Fritz Blättner von diesen Versuchen. Das Thema war geboren: Es sollte sich mit dem Laienspiel beschäftigen, mit seiner Geschichte in der Jugendbewegung und mit seiner Theorie. Aber die Arbeit sollte auch über praktische Versuche berichten. In dieser Zeit las meine spätere Frau einen Anschlag der Kieler Volkshochschule am schwarzen Brett der Universität. Es wurde ein Leiter für eine Laienspielgruppe gesucht. Ich meldete mich und bekam die Anstellung. Es war mein erster und endgültiger Schritt zur Volkshochschule.

Der Leiter der Volkshochschule, Max Wittmaack, faßte schnell Vertrauen zu mir und förderte meine Arbeit nach Kräften. Die theoretische Grundlage für die praktische Arbeit hatte ich vor allem bei Martin Luserke und Rudolf Mirbt gefunden. Luserke hatte das jugendgemäße Bewegungsspiel entdeckt. Von ihm sagte man, er spiele nur Stücke von Shakespeare und Luserke. Rudolf Mirbt hatte einiges über das Laienspiel geschrieben und gab die Reihe »Das Münchner Laienspiel« im Bärenreiter-Verlag heraus. Er wurde übrigens 1953, nach meiner eigentlichen Laienspielzeit, Berater für die musischen Fächer, vor allem für das Spiel, in der Schulabteilung des Kultusministeriums in Kiel.

Ich hatte bald mit einigen besonders begabten Mitspielerinnen und Mitspielern einen Spielkreis gefunden. Wir führten unsere Spiele, die häufig von Inszenierungen im Kieler Theater angeregt waren und literarische Vorlagen hatten, etwa nach einem einjährigen Entwicklungsprozeß selbst auf. Auch alte Stoffe wurden mit aktuellen Akzenten verbunden. So entstand ein Stück im Stil von Thornton Wilders »Wir sind noch einmal davongekommen«. Es hieß »Schulzes haben kein Haus« und behandelte die Wohnungsnot und das Schicksal der Heimatvertriebenen. Das Wichtigste meiner Stücke hieß »Du mußt trommeln, Eulenspiegel«. Es war nach de Costers »Ulenspiegel« entstanden und in der Form stark von Brecht beeinflußt. In Kiel war gerade die »Mutter Courage« aufgeführt worden. Alle diese Erfahrungen flossen in meine Dissertation ein.

Im Sommer 1950 beendet ich meine Studien und suchte eine erste Stelle in der Erwachsenenbildung, denn diese Aufgabe nahm mich ja ganz gefangen. Hier sah ich mehr Neues, mehr Bewegung als in der Schule, gewiß auch mehr Unsicherheit, denn ein Berufsbild für Mitarbeiter an Volkshochschulen gab es ja noch nicht, keine vorgeschriebene Laufbahn. Man mußte schon eine gewisse Bereitschaft zum Risiko haben, um eine Aufgabe in der Erwachsenenbildung dem Dienst in der Schule vorzuziehen.

Ich wurde in dieser Entscheidung von meinem Doktorvater Fritz Blättner sehr unterstützt, aber auch von Max Wittmaack, dem Leiter der Kieler Volkshochschule, und von Axel Henningsen, dem Referenten für Erwachsenenbildung im Kultusministerium in Kiel. Er kam aus der Arbeit der Heimvolkshochschule und hatte 1921 die Heimvolkshochschule Rendsburg gegründet und bis 1928 geleitet. Er war sich bald mit Blättner einig: Eine Stelle in einer Heimvolkshochschule mußte gefunden werden. Beide hielten es für nötig, daß ein hauptamtlicher pädagogischer Mitarbeiter in der Volkshochschularbeit Schleswig-Holsteins die Arbeit einer Heimvolkshochschule kennenlernen mußte. Man fand für mich eine Stelle in der Heimvolkshochschule Leck, aber nur für ein halbes Jahr, denn in Leck gab es damals noch getrennt Lehrgänge für Männer und Frauen, fünf Monate, von November bis März für Männer (oder wie man hier sagte »junge Männer«), von Mai bis September Lehrgänge für junge Mädchen. Im Winter brauchte man deshalb einen Lehrer, im Sommer eine Lehrerin. Ich fing mit Schwung und Neugierde meine Arbeit in Nordfriesland an, einer Gegend, die ich nicht kannte, mit Lehrgangsteilnehmern, Schülern, wie man damals sagte, die meist aus der Landwirtschaft kamen, die ich auch nicht kannte. Sie waren zwischen 18 und 30 Jahre alt, ich selbst war 25. Ich wohnte mit den »Schülern« auf dem gleichen Flur in einem kleinen Zimmer gleich neben der Schulglocke, die am Morgen um 6.15 Uhr läutete. Um 7 Uhr versammelten sich die Schüler, der junge Lehrer und der Leiter auf der Diele und begannen den Tag mit einem Wort, meist von Goethe, und entweder mit dem Choral »Lobet den Herren« oder dem Faschistenlied »Nur der Freiheit gehört unser Leben«.

Der Leiter verbarg seinen Nationalismus und sein Ressentiment gegen die Dänen nicht. Zeitweilig unterrichtete ein Rechtsanwalt in Staatsbürgerkunde, der noch in den letzten Kriegstagen als Wehrmachtsrichter Soldaten zum Tode verurteilt und die Vollstreckung des Urteils noch nach Kriegsende veranlaßt hatte. Aber mit einer solchen Vergangenheit konnte man ja auch später Ministerpräsident in der Bundesrepublik Deutschland werden. Der Leiter unterrichtete deutsche Literatur, vier Monate Theodor Storms »Schimmelreiter« und einen Monat Schillers »Jungfrau von Orleans«, und in einem Fach, das er Weltanschauung nannte, mußten die Schüler 18 Choräle auswendig lernen.

Ich unterrichtete Geschichte und Heimatgeschichte, vor allem auch deutsche Sprache. Außerdem wurde mit nebenamtlichen Lehrern viel geturnt und gesungen. Durfte eine Heimvolkshochschule 1950 noch so aussehen? Ich lernte bald eine völlig andere Arbeit in Rendsburg, in der Göhrde und in Hustedt kennen. Trotzdem möchte ich diese Zeit in meiner Lebensarbeit nicht missen. Aus Fehlern, anderen und eigenen, und ich war ja immerhin Anfänger auf allen Gebieten der Erwachsenenbildung, lernt man ja viel, und zu den Lehrgangsteilnehmern hatte ich ein besonders herzliches Verhältnis. Viele kamen mit ihren persönlichen Problemen zu mir, denn selbst für einen Bauernsohn war es nicht selbstverständlich, wieder Bauer zu werden. Mit vielen von ihnen hatte ich noch jahrelangen Kontakt, und beim Studieren von Kierkegaards Darstellung der Verzweiflung entsinne ich mich mancher mir anvertrauter Schicksale. Wie heißt es bei Kierkegaard: »Verzweifeln, man selbst werden zu müssen, oder verzweifeln, nicht man selbst werden zu können?«

Schon während meiner Tätigkeit in Leck hatte der Leiter der »Morgensternbühne« in Grömitz, Reinhold Netolitzki, Kontakt zu mir aufgenommen. Er suchte für ein besonderes Spielprojekt einen Organisator und Moderator. Netolitzki war Assistent von Max Reinhard bei den Salzburger Festspielen gewesen. Er war einer der gebildetsten Menschen, denen ich in meinem Leben begegnet bin. Er war nach dem Krieg schwer verwundet und behindert in Grömitz gelandet und baute dort eine Wanderbühne aus Schauspielern und Laien auf, die »Morgensternbühne«, die zunächst vorwiegend geistliche Spiele aus dem Mittelalter, beispielsweise das »Oberuferer Paradeisspiel« aus dem Barock, aber auch Modernes, z.B. von Max Mell, spielte und sich bald einen besonderen Ruf in Schleswig-Holstein erworben hatte.

Er wollte im Sommer 1951 Klosterspiele in Cismar veranstalten. Das Kloster Cismar war ein Benediktinerkloster aus dem 13. Jahrhundert. Aus dem Benediktinerkloster in Lübeck waren Mönche strafweise ausgesiedelt worden. Aus Protest gegen diese Maßnahme hatten sie ihre neue Klosteranlage besonders aufwendig im Stil der lübischen Frühgotik gebaut. Anfang des 14. Jahrhunderts wurde in der Klosterkirche ein Flügelaltar errichtet, ein Schnitzwerk von besonderer Bedeutung für Norddeutschland. Die Figuren waren eindrucksvoll gestaltet und gefaßt. Die Farben Blau, Rot und Gold überwogen. Dieser Altar blieb nahezu vollständig erhalten und regte auch in Lübeck und im Kreis Oldenburg Kunstkenner an, das Kunstwerk in besonderen Veranstaltungen in der Öffentlichkeit bekanntzumachen. Grömitz lag ja nicht weit von Cismar entfernt, und Reinhold Netolitzki kannte die Klosteranlage und den Altar genau. Bei seinen Forschungen nach literarischen Beispielen aus der Gegend fand er ein Spiel des ersten protestantischen Pastors in dem Nachbarort Cismars, in Grube, aus der zweiten Hälfte des 16. Jahrhunderts, »De düdische Schlömer«, der deutsche Schlemmer, das einzige deutsche Jedermannspiel. Netolitzki richtete das Stück für die Morgensternbühne ein, es war das Zentrum der Cismarer Klosterspiele. Cismar lag ja ganz in der Nähe der Seebäder am nördlichen Teil der Lübecker Bucht, neben Grömitz, Sierksdorf, Kellenhusen, Dahme und nicht weit von der vielbesuchten Holsteinischen Schweiz. So konnte man mit Badegästen und Touristen rechnen. Ich hatte für die Finanzierung zu sorgen und das Projekt in Vorträgen, Radio- und Presseberichten bekanntzumachen. Die Veranstaltung wurde 1951 während vieler Sommerwochen hindurch ein voller Erfolg und viele Jahre wiederholt. Aber mein Auftrag war nach Ablauf der ersten Spielzeit beendet.

Ich hatte mir nun neben einer frühen »Kulturmanagertätigkeit« auch eine mir bis dahin wenig bekannte Region in Schleswig-Holstein erschlossen und kehrte im Frühherbst sehr befriedigt und an Erfahrungen reicher nach Kiel zurück. Heute ist das Kloster Cismar übrigens in den Gebäudeteilen neben der Kirche eine Dependance des Landesmuseums in Schleswig und ein literarisches Zentrum für den Raum Ostholstein.

Es bedurfte nun mancher Verhandlungen, Phantasie und Tricks, um für mich eine Stelle zu schaffen, in der ich nicht nur arbeiten, sondern von der ich auch bescheiden leben konnte. Wieder arbeiteten meine drei Mentoren Fritz Blättner, Axel Henningsen und Max Wittmaack zusammen, und ich wurde zur Hälfte meiner Arbeitskraft Studienleiter an der Volkshochschule in Kiel und wissenschaftlicher Assistent am Seminar für Erwachsenenbildung der Universität. Ich trat nun also in den Dienst einer traditionsreichen Volkshochschule.

In Kiel hatte sich schon 1919 eine Arbeitsgruppe aus im wesentlichen sozialdemokratischen Professoren und Assistenten, aus liberalen Bürgern und Gewerkschaftern gebildet. Der Jurist Gustav Radbruch, ordentlicher Professor und später Reichsjustizminister, wurde ihr Sprecher und prägte die Konzeption der Kieler Volkshochschule auch theoretisch wesentlich. Er war nicht nur ein bedeutender Gelehrter, sondern auch ein aktiver Sozialdemokrat. Er hatte auf demokratischer Seite aktiv am Kapp-Putsch teilgenommen. In seiner Person verbanden sich in idealer Weise der Geist der Wissenschaft und der Geist der Politik als Repräsentant einer politisch-demokratischen Kultur. Der Geist der Kieler Volkshochschule wird in einem Beitrag Radbruchs

für die Zeitschrift »Die Arbeitsgemeinschaft« 1919 wie folgt beschrieben: »Die Hauptsache bleibt die Lehrerpersönlichkeit. Berufen
zum Volkshochschullehrer ist nur der wissenschaftliche Mensch. Die
Volkshochschule wird für den Mann der Wissenschaft zum Prüfstein
werden, ob er auch ein wissenschaftlicher Mensch sei, nicht nur
Wissenschaftler, sondern auch Mensch. Also ein Mensch, der nicht
nur von seiner Wissenschaft oder in seiner Wissenschaft oder neben
seiner Wissenschaft her oder trotz seiner Wissenschaft lebt, dem
vielmehr Wissenschaft in schönem Gleichgewicht und mit anderen
lebendigen Kräften selbst lebendige Lebenskraft ist. Der Forscher und
Denker muß zwischen Wissenschaft und Menschentum eine Mauer
einrichten. Der Volkshochschullehrer muß sie wieder einreißen. Erst
die Volkshochschule befreit den wissenschaftlichen Menschen zu der
Möglichkeit, sich in der Ganzheit seines Wissens lehrend auszule-
ben.« Auch der engste Mitarbeiter von Gustav Radbruch, Hermann
Heller, der spätere Leiter der Leipziger Volkshochschule, und danach
bekannter Staatsrechtler und Staatsphilosoph, war 1919 Geschäftsführer der Kieler Volkshochschule und äußert sich bei seinem
Dienstantritt in Leipzig ähnlich wie Gustav Radbruch, und er begründete die Leipziger Richtung der Volkshochschularbeit.
Man sieht, es sind drei Elemente, die bei beiden die Volkshochschul-
konzeption bestimmen. Erstens das wichtigste Merkmal der neuen
Richtung als »Volksbildung vom Menschen aus«. Zweitens die Auseinandersetzung mit dem Begriff Weltanschauung im goethischen
Sinn, nicht als Religionsersatz, sondern in dem Anspruch, die Welt in
ihrer Totalität zu erfassen, oder wie Karl Marx sagt: »Der Mensch
eignet sich sein allseitiges Wesen auf eine allseitige Art an, also als
ein totaler Mensch.« Drittens die Beziehung der Volkshochschule zur
Wissenschaft in der Persönlichkeit des Lehrers. Die Lebens- und
Wissenserfahrung zwischen erwachsenen Menschen im gegenseitigen Geben und Nehmen.
Neben Radbruch und Heller wirkten auch andere Professoren und
Dozenten der Kieler Universität an der Volkshochschule mit. Die Zahl
der an Arbeitsgemeinschaften beteiligten Universitätslehrkräfte sank
jedoch im Laufe der Jahre zunächst auf etwa 30 Prozent 1926 und
schließlich bis auf acht Prozent 1930. Die Auflösung der Volkshochschule Kiel im Jahre 1933 und ihre Umformung in die NS-Volksbil-

dungsstätte brachte dann eine andere Entwicklung und eine zwangs-
weise Verbindung zur Universität, die erst nach dem Krieg in eine
vernünftige Kooperation umgewandelt werden konnte.

Der Wiederbeginn der Erwachsenenbildung 1945/46, vor allem die
Arbeit der Volkshochschulen trafen eine zentral andere Situation als
der Neuanfang 1918/19. Der Verlauf des Krieges hatte die totale
Kapitulation erzwungen, nachdem Josef Goebbels im Februar 1943
noch den totalen Krieg ausgerufen hatte. Die Zahl der toten Soldaten
und Zivilisten war unermeßlich, viele Soldaten waren noch in Kriegsgefangenschaft, die Städte waren zerstört, Arbeitsplätze vernichtet,
die Ideale von vielen waren zusammengebrochen. In dieser Situation
wurden Landräte und Bürgermeister von der Besatzungsmacht aufge-
fordert, Einrichtungen der Erwachsenenbildung, vor allem Volkshochschulen und Volksbücherein zu schaffen.

Das Angebot dieser Einrichtungen fand große Resonanz in der Bevölkerung, auch auf dem Land, wo vor allem heimatvertriebene Lehrer
Volkshochschulen gründeten und leiteten. Das Themenangebot in den
großen Städten war vielfältig, die geistige Auseinandersetzung in den
Kursen spannend. Die Entwicklung der Volkshochschule in Kiel war
vor diesem Hintergrund für eine vom Krieg besonders betroffene
Großstadt charakteristisch. Nach den Kontrollratsanordnungen wurde
die Volkshochschule in Kiel wieder gegründet und Leitung und Verwaltung dem Kulturamt der Stadt zugeordnet. Stadtrat für Kultur
wurde Max Wittmaack, ein Volksschullehrer, engagierter Sozialdemokrat und Pazifist, führend in der freien Lehrergewerkschaft. 1933
war er nach der Machtergreifung der Nationalsozialisten aus dem
Schuldienst entfernt worden, wurde Organisationsleiter einer Werbe-
firma seines Freundes in Berlin und kehrte aus dem Krieg schwer
verwundet nach Kiel zurück. Er wurde von der Besatzungsmacht als
Stadtrat eingesetzt, geriet aber, eigenwillig wie er war, bald in Konflikt mit der Besatzungsmacht und zog sich auf die Leitung der
Volkshochschule Kiel zurück. Hier begann er seine vielseitigen bildungspolitische und kulturpolitische Aktivitäten. Seine Grundidee
war, Volkshochschule dürfe nicht isoliert wirken, sie müsse Zentrum
eines kulturellen Kooperationsfeldes sein. So gründete er den Kieler
Kulturring und den Landeskulturverband, wurde Vorsitzender der
Volksbühne und verwaltete alles in den Büros der Volkshochschule.

Das brachte die Volkshochschule Kiel über ihre Stadtgrenzen hinaus ins öffentliche Gespräch. Die Signatur des »Mensch miteinander« darstellenden Titelbildes des Arbeitsplans der Kieler Volkshochschule entwarf der bekannte schleswig-holsteinische Maler Friedrich Karl Gotsch, ein Kokoschkaschüler. Das Musische, besonders das Amateurtheater, oder wie man damals sagte: das Laienspiel, brachte die Volkshochschule Kiel besonders ins öffentliche Interesse. Das alles in einer Stadt, in der 80 Prozent des Wohnraums zerstört waren. In einer alten, kalten, dunklen Schulaula führte die Volkshochschule eine Vortragsreihe unter dem Motto »Wir und die Zeit« durch. Die Aula konnte die Interessenten kaum fassen, und auch der Kurs des Leiters »Ich bitte ums Wort« fand großen Zuspruch.

Natürlich halbierte auch in Kiel die Währungsreform die Hörerzahl. Jetzt wurden endgültig Sprachbildung, Deutsch, Fremdsprachen, und Berufsförderung wichtig. Eine enge Verbindung zu den Gewerkschaften des DGB und zur DAG hatte es durch Max Wittmaacks gewerkschaftliche Einstellung schon vor Gründung der Arbeitsgemeinschaft »Arbeit und Leben« gegeben. Nun wurde Max Wittmaack zum Motor für Arbeit und Leben auf seiten der Volkshochschule, sein Freund Bruno Verdieck auf seiten des DGB. Die Grundkurse von Arbeit und Leben bildeten zwischen 1949 und 1955 den Kern der politischen Bildung der Volkshochschule Kiel. Sie waren überhaupt ein inhaltliches und methodisches Beispiel für eine systematische, politische, allgemeine und kulturelle Erwachsenenbildung.

Aber was war die Volkshochschule Kiel institutionell? Eine von Stadt und Land bezuschußte private Einrichtung Max Wittmaacks und später, etwa von 1950 an, Max Wittmaacks und Kurt Meissners. Erst 1953 wurde die Volkshochschule Kiel in die Rechtsform eines eingetragenen Vereins überführt, in dessen Vorstand neben der Stadt Kiel, dem Land Schleswig-Holstein, der Universität, der Industrie- und Handelskammer auch Vertreter der Gewerkschaften, der Kirchen und der Arbeitsgemeinschaft Kieler Frauen vertreten waren. Erst im Januar 1962 wurde die Volkshochschule Kiel kommunalisiert.

Eine besondere Rolle spielte bis in die Mitte der 60er Jahre die Beziehung zur Universität, besonders zum Institut für Pädagogik und Psychologie. Der Direktor des pädagogischen Instituts, Fritz Blättner, wurde nach der Vereinsgründung Vorsitzender des Vorstandes und später des Kuratoriums. Auch der zweite Direktor des Instituts, Karl Mierke, leistete zugleich als Rektor der pädagogischen Hochschule besondere Hilfe für die Volkshochschule, zum Beispiel durch die Vermittlung von nebenamtlichen Mitarbeitern. Ich war ja ab 1951 bis 1955 Assistent am Seminar für Erwachsenenbildung und von 1957 bis 1968 Lehrbeauftragter. Fritz Blättner hatte 1959 das Seminar für Erwachsenenbildung an der Universität gegründet, nachdem er schon vorher in Vorlesungen und Seminaren das Thema Erwachsenenbildung behandelt hatte. Die Aufgaben des Seminars für Erwachsenenbildung beschreibt er selbst in sechs Punkten. Sie vollziehen sich

1. in den herkömmlichen Formen der Seminararbeit. In Referaten und Diskussionen wurde über spezielle Sachgebiete oder publizistische Neuerscheinungen gearbeitet.

2. In Modellversuchen wurden neue Arbeitsformen und Inhalte für die Erwachsenenbildung erprobt.

3. In der Form der Publikation wurde über die Ergebnisse der theoretischen Arbeit öffentlich informiert.

4. In gezielten Studentenkursen für Studenten der Universität und der pädagogischen Hochschule wurden Studenten mit Erwachsenenbildung bekannt gemacht.

5. In der Einrichtung von Dozentenseminaren wurde jahrelang daran gearbeitet, den in der Erwachsenenbildung Tätigen pädagogische und fachwissenschaftliche Vertiefung ihrer Arbeit zu ermöglichen. Es gab Grundkurse, die in das Problem der Erwachsenenbildung allgemein einführten, und Fachkurse, in denen Fachleute über pädagogische, politische und wissenschaftliche Fragen orientierten und Pädagogen mit den Teilnehmern die Möglichkeiten prüften, das Gehörte fruchtbar zu machen.

6. In der Vermittlung von Mitarbeitern der Universität an die Volkshochschulen und andere Einrichtungen der Erwachsenenbildung des Landes und der Stadt Kiel an das Seminar.

Die Arbeit des Seminars hatte gewiß ihre größte Ausdehnung und Intensität in der Zeit zwischen 1952 und etwa 1960.
Ich war in der Volkshochschule für die Gestaltung des Arbeitsplans und die Gewinnung der Dozenten zuständig. Der Leiter hat das Prinzip aus vielfältigen kulturellen Einrichtungen entwickelt, er war

gleichzeitig eben Geschäftsführer vieler anderer Organisationen. Der Betrieb wurde in dieser Zeit nach dem Agenturprinzip, wie wir später sagten, abgewickelt. Das bedeutete, jemand der meinte, er konnte einen Kurs abhalten, meldete sich bei mir. Ich führte ein Gespräch mit ihm. Wenn ich annahm, er wäre für sein Angebot kompetent, fanden wir gemeinsam einen Ankündigungstext. Der wurde dann in den Halbjahresarbeitsplan aufgenommen. Da besaß einer Kenntnisse über Goethe oder Kant, ein anderer über Bauwerke der Backsteingotik, einer glaubte eine besondere Begabung für Unterricht in Englisch zu haben, ein anderer für Bilanzbuchhaltung, eine feste Fachbereichsgliederung gab es damals noch nicht, auch kaum inhaltliche Prinzipien der Angebotsgestaltung, keine verbindlichen Methoden. Das einzige Kriterium war, daß der Kurs mit 15 Teilnehmern belegt sein mußte und mit annähernd dieser Zahl das Semester durchhielt.

Gelegentlich besuchten Max Wittmaack und ich Kurse, nur selten waren wir wirklich zufrieden. Wir suchten deshalb Hilfe bei der Universität, und so spielte meine Beziehung zur Universität bis Mitte der 60er Jahre eine besondere Rolle. Neben der Gesamtarbeit im Seminar sind mir besonders die Modellversuche, die wir durchführten, in Erinnerung geblieben. Hier arbeitete ich mit den Assistenten anderer Institute zusammen. Wir entwickelten ein Grundkursmodell mit vier Fächern. Für Geschichte war Eberhard Jäckel zuständig, für wirtschaftliche Inhalte Erik Böttcher, für Soziologie Kurt-Martin Bolte, für Psychologie Hermann Wegner. Bei mir lagen die konzeptionelle Leitung, die auswertende Begleitung, auch unter Mithilfe durch Studenten.

Wichtigster Faktor der Volkshochschule sind die Teilnehmer und Teilnehmerinnen.

Ich erinnere mich an drei sehr unterschiedliche Teilnehmergruppen zwischen 1948 und 1955. 1950 leitete ich meinen ersten Kurs als hauptamtlicher Lehrer in der Heimvolkshochschule Leck. 1949 bis 1953 lehrte ich Geschichte in einem Grundkurs von Arbeit und Leben in Kiel, 1951 bis 1954 erteilte ich Geschichtsunterricht bei ehemaligen Berufsunteroffizieren zur Erlangung der Beamtenprüfung 1 und 2 in Anlehnung an die Arbeit der früheren Wehrmachts-Fachschulen in einem erstaunlich breiten allgemeinbildenden Spektrum. Ich betreute also drei Gruppierungen zur gleichen Zeit, zwischen den Gruppen, aber auch innerhalb derselben gab es dabei eine erstaunliche Heterogenität.

Der Fünf-Monate-Kurs der Heimvolkshochschule Leck, bestand vorwiegend aus jungen Leuten, die aus der Landwirtschaft kamen, einigen Vertriebenen, die meist in Angestellten-Berufen tätig waren, und dennoch waren die einzelnen Biographien sehr unterschiedlich. Die Extreme wurden zum einen durch einen jungen Mann von einer Nordseeinsel, etwa 19 Jahre alt, verkörpert, der war auf dem Weg nach Leck war und mit Husum seine erste Stadt kennenlernte. Er sah zum erstenmal eine Eisenbahn und zögerte zunächst, sie zu benutzen. Zum anderen gab es einen etwa 30jährigen Bauern aus der Marsch, der gerade aus siebenjähriger russischer Kriegsgefangenschaft zurückgekommen war. Übrigens beide hatten eigentlich seit dem Ende des Krieges außerhalb der Geschichte gelebt. Der eine in seiner Inselidylle, der andere in der erzwungenen Isoliertheit russischer Weiten und russischer Lager. Die Geschichte der anderen hatten sie nicht miterlebt. Aber immerhin verband sie in all ihrer Verschiedenartigkeit die Bereitschaft, Neues aufzunehmen, und das Staunen über ihre Wissenslücken.

Nur der Lehrer mußte berücksichtigen, daß seine Darstellung auf unterschiedliche Biographien traf und das Bewußtsein der einzelnen unterschiedlich beeinflußte.

Anders wiederum der Arbeit und Leben-Grundkurs in Kiel. Die Männer, meist so um die 30 Jahre alt, kamen vor allem aus der Gewerkschaft Bau, Steine, Erden. Leute vom Bau also, sehr direkt, sehr einfach in der Sprache, aber mit ausgeprägtem politischen und auch zumindest zeitgeschichtlichem Interesse. Die meisten waren Sozialdemokraten, aber es gab damals auch noch einige Kommunisten in der Arbeiterschaft. Von der Schule her brachten sie meist kein ausgeprägtes Geschichtsbild mit und bezeichneten den erfahrenen Geschichtsunterricht, der meist, ohne daß es ihnen bewußt wurde, propagandistisch genutzt worden war, als langweilig. Aber sie merkten bald, daß politisches Bewußtsein und die Fähigkeit zu begründeten politischen Entscheidungen auch mit Kenntnissen oder besser Einsichten aus der Geschichte zu tun hat und eben nicht nur mit der Aufarbeitung der jüngsten Vergangenheit. Aber sie nahmen Dargestelltes nicht einfach hin, verglichen es mit gerade aus anderen Quellen gewonnenen Erkenntnissen, maßen es an ihrer gegenwärtigen politischen Überzeugung und gewannen so wirkliche Einsichten.

Schließlich die dritte Gruppe, ehemalige Berufsunteroffiziere, die sich auf die Beamtenprüfungen 1 für den mittleren und 2 für den gehobenen Dienst vorbereiteten.

Ich hatte in Kiel dazu die Gesamtleitung. Diese Männer waren meist über 40 Jahre alt, standen fast alle im Beruf, den sie entweder vor dem Krieg erlernt oder nach 1945 ergriffen hatten, und nahmen trotzdem an einem ein- bzw. zweijährigen Lehrgang teil, der sie an vier Abenden der Woche für jeweils vier Stunden beanspruchte, und bei dem sogar Schularbeiten anfielen. Das meiste war didaktisch und methodisch sehr rückständig, der Stoff wurde meistens von ehemaligen Wehrmachtslehrern vermittelt. Ich mußte als Studienleiter der Kieler Volkhochschule von ihnen geduldet werden und konnte ein besonders enges Verhältnis zu den Männern entwickeln, denn persönliches Vertrauen war eine besondere Voraussetzung für Unterricht und Lernerfolg, besonders in der geschichtlichen und der politischen Bildung.

Bei einem Kreis von ehemaligen Berufssoldaten ist es naheliegend, daß das Militärische in der Betrachtungsweise der Teilnehmer stark im Vordergrund steht. In diesem Zusammenhang galt Hitler vor allem den ehemaligen Angehörigen der Marine als indiskutabel. Deshalb machte auch im Lauf meiner jahrelangen Arbeit mit Teilnehmern aus dieser Gruppe niemand den Versuch, Hitler zu verteidigen oder gar zu preisen. Daß manches an den Nationalsozialisten von diesen Männern positiv beurteilt wurde, ist verständlich. So wurde der Blick zunächst auf das Militärische gerichtet. Hier ergab sich in der Tat ein Ansatzpunkt, um die Bedeutung des Könnens, der Ausbildung und der Erziehung deutlich zu machen. Weitere Ansatzpunkte waren in der Herkunft, in der Amtsübernahme, im Verhältnis zur Religion, zur Tradition, zum Recht gegeben, wofür Beispiele jeweils bekannt sind. Hier zeigt sich, wie sich gewisse Einsichten erarbeiten lassen, die nicht nur für das Wissen um historische Vorgänge bedeutsam sind, sondern zu wichtigen Stützen des politischen Bewußtseins werden. Mit diesen Einsichten und Erfahrungen in einem inzwischen wesentlich erweiterten Bild der Erwachsenenbildung ging ich an neue verantwortliche Aufgaben heran.

Verantwortungsvolle Aufgaben

RENDSBURG: Im Winter 1955 bat mich Alfred Diehl, der damalige Leiter der Heimvolkshochschule Rendsburg, mich für die Leitung der Heimvolkshochschule als sein Nachfolger zu bewerben. Er stammte aus Hessen, hatte in seiner Heimatstadt Aßlar bei Wetzlar ein Grundstück geerbt und war dabei, ein Haus zu bauen. Es drängte ihn in seine Heimat zurück, und er hatte interessante Angebote aus dem hessischen Finanzministerium. Diehl war ein sehr sympatischer, in kleinstem Kreis auch kommunikativer Mann, sehr gebildet – weit über sein Fachgebiet Volkswirtschaft hinaus –, aber er war nicht ganz glücklich mit seiner Tätigkeit in Rendsburg. Vor allem seine Frau litt unter den Zwängen des Gemeinschaftslebens in einer Heimvolkshochschule. Ich kannte die Situation, denn ich war im Kuratorium der Heimvolkshochschule. Mich hatte eine Tätigkeit in einer Heimvolkshochschule nach oder trotz meiner Zeit in Leck immer interessiert. Ich suchte noch mehr pädagogische Intensität, als das in einer Abend-Volkshochschule möglich war, denn die Volkhochschulen waren zu dieser Zeit noch reine Abendveranstaltungen.

Im Jahr davor hatten Fritz Borinski in der Göhrde und Paul Steinmetz in Hustedt mit mir verhandelt. Besonders mit Fritz Borinski war ich persönlich durch unsere gemeinsame Arbeit im Pädagogischen Ausschuß des Deutschen Volkshochschulverbandes eng verbunden. Ich hatte in der Göhrde an Tagungen teilgenommen, auch referiert und Arbeitsgruppen geleitet. Paul Steinmetz kannte ich durch Arbeit und Leben, auch Hans Alfken und Heiner Lotze vom Kultusministerium in Hannover hätten mich gern in Niedersachsen gehabt. Aber ich fühlte mich doch zu sehr mit Schleswig-Holstein verbunden und hatte keine Veranlassung, von Kiel wegzuziehen. Wirtschaftlich war ich inzwischen abgesichert und gesellschaftlich integriert, meine Arbeit in der Volkshochschule und im Seminar für Erwachsenenbildung waren unangefochten und anerkannt. Lediglich die Heimvolkshochschule reizte mich. So sagte ich denn in Rendsburg zu. Aber es gab noch einige Hindernisse zu überwinden. Ich hatte im Kuratorium die DAG vertreten. Das brachte Probleme mit sich, da die Mehrheit im Kuratorium als Vertreter von Landwirtschaft, Handwerk und Kommunen konservativ war. Für sie war ich automatisch als links etikettiert. Für die DGB-Vertreter im Kuratorium dagegen war ich wiederum ein Abtrünniger, da ich Vertreter der DAG war und somit in einer Gewerkschaft, die nicht im DGB war. Ich saß also zwischen ziemlich vielen Stühlen, aber doch nicht so, daß ich fiel. Der Vorsitzende des Kuratoriums war der schleswig-holsteinische Wirtschaftsminister, ein Tischlermeister aus Rendsburg, der 1925 und 1926 Schüler der Heimvolkshhochschule gewesen war. Er hatte gehört, daß ich aus einer Tischlerfamilie stammte. Das war für ihn fast so gut, als wenn ich ein Konservativer gewesen wäre, und vielleicht hatte er ja auch recht. Der wichtigste Vertreter des Bauernverbandes, Otto Clausen, an Bildungsfragen fast mehr interessiert als an der Landwirtschaft, kannte mich vom Landesverband der Volkshochschulen her, und wir mochten uns. Er hatte großen Einfluß auf Detlef Struve, den Vorsitzenden des Trägervereins der Heimvolkshochschule. Zu einem der DGB-Vertreter, der aus Kiel kam, hatte ich ein sehr enges, persönliches Verhältnis. Den Rest besorgten Axel Henningsen, Fritz Laack und Ernst Hessenauer vom Kultusministerium in Kiel.

Ich wurde tatsächlich gewählt und begann meine Arbeit in Rendsburg im Herbst 1955. An meinem Geburtstag, am 22.11.1955, zogen wir in unsere Dienstwohnung ein. Sabine, meine Tochter, sie war gerade zwei Jahre alt geworden, schenkte mir einen Stich der Stadt Kiel zur Erinnerung an unsere gemeinsame Heimatstadt. Ich war gerade 30 Jahre alt, und nun hatte ich Gelegenheit, etwas für die »Unsterblichkeit« tun.

Zunächst mußte ich ein neues Kollegium aufbauen. Ich legte Wert auf eine wissenschaftliche Ausbildung und verpflichtete die Kollegen zu kontinuierlichen Gesprächen über unsere Konzeption und unseren pädagogischen Auftrag. Ich konnte das Kollegium durch einen vom Deutschen Volkshochschulverband angestellten Jugendreferenten ergänzen.

Die Heimvolkshochschule Rendsburg liegt am Rande der Stadt. Das Haupthaus lag damals am Nord-Ostsee-Kanal, es war das Haupthaus der ehemaligen kolonialen Frauenschule. Zwischen dem Kanal und anderen Häusern der Heimvolkshochschule lag ein kleines Wäldchen, der Gerhardtshain. In dem dahinterliegenden Komplex befanden sich sechs Häuser, darunter ein Tagungsheim mit Küche und ein Speisesaal und mit über 80 Tagungsplätzen. Die Mitarbeiter wohnten in kleinen Einzelhäusern. Alles in allem eine ideale Anlage für eine Heimvolkshochschule, die mit einer lebendigen Mittelstadt verbunden war. Sie war weitläufig im Gelände, so daß man außer im Dienst nicht zusammentreffen mußte, und war ausbaufähig für weitere Einrichtungen. Hier war ich zwölf Jahre tätig, die meisten meiner Kollegen ebensolange. Die Heimvolkshochschule war also unsere gemeinsame Angelegenheit. Bei meinem Wechsel nach Hamburg faßte ich meine Erfahrungen in einem »Versuch über die Heimvolkshochschule Rendsburg« zusammen. Hier folgen daraus einige wichtige Partien.

Im Zentrum der Tradition der Rendsburger Heim-Volkhochschule standen die Grundlehrgänge: fünf Monate im Winter und drei Monate im Sommer. Sie blieben das unbestrittene Zentrum der Arbeit. Mehr als bisher schon war Information, Sachaufklärung über Zusammenhänge der Wirtschaft, Politik, Zeitgeschichte und Geschichte im Zentrum, Kunst und Literatur wurden als Interpretation modernen Lebens verstanden, musische Aktivitäten als Freizeiterfüllung und doch stand hinter dem Ganzen eine Vorstellung des pädagogischen Zusammenhangs, die auf den Menschen gerichtet war und eine Beziehung zwischen der Schule und ihren Lehrgangsteilnehmern herzustellen hatte. 1959 habe ich diese Konzeption zusammenhängend formuliert.
1. Das Haus steht in Bindungen und Traditionen besonders dann, wenn es selbst eine Geschichte hat. Der Rahmen der Arbeit und die Ordnung des Hauses werden wesentlich durch solche Traditionen bestimmt. Leiter und Mitarbeiter einer Heimvolkshochschule müssen wissen, daß sie mit ihrer Arbeit die Bindung an traditionelle Bezüge übernehmen.
2. Die Teilnehmer übernehmen die gesetzte Grundordnung freiwillig. Sie sprechen nicht nur darüber, sondern erfahren diese Ordnung im lebendigen Vollzug. Sie üben die Ordnung ein, tragen und erhalten sie

dadurch und nehmen sie ausstattungsweise mit, um auch außerhalb des Hauses einen Teil dieser Ordnung zu bewahren.

3. Die Teilnehmer eines Lehrgangs zwingen zur Dynamik und Offenheit. Der junge Mensch hat in der Regel noch ein Gespür für die Rangordnung der Wirklichkeiten, für das Radikale und das Zweitrangige. So gehört denn zum Lebensvollzug und zur Arbeitsgemeinschaft im Heim zwangsläufig das Bekenntnis, die eigene Aussage über das Weltverständnis, die Politik und die Religion, Aussagen, die im Leben des einzelnen Lehrers, das ja den Schülern weitgehend durchschaubar wird, bestätigt sein müssen.

4. Folgerichtig entsteht daraus die Aufgabe der Seelsorge und Mitsorge für den Menschen, der in die Gemeinschaft eintritt, der Lebens- und Nothilfe, die sich nicht mit der Erkenntnisvermittlung und dem literarischen Beispiel begnügen kann.

Leiter und Lehrer in solcher Heimgemeinschaft greifen manchmal unmittelbar in das Lebensgefüge einzelner ein durch ihren Rat oder durch den Hinweis auf das eigene Leben. Hier setzt die große Problematik der Heimvolkshochschule mit ihren Gefahren und Möglichkeiten ein.

5. Diese Aufgabe trifft die Mitarbeiter einer Heim-Volkhochschule als Person. Nicht jeder wird in dem gleichen Maße betroffen sein, und nicht jeder wird die Aufgabe lösen können, doch muß einer vom anderen wissen in diesem Tun. Hierin hat sich das Team einer Heimvolkshochschule zu bewähren. Es muß auflösen und objektivieren, wo subjektive Versteinerungen beginnen.

Das war also die gemeinsame Überzeugung über die Prinzipien der Arbeit bei allen Mitarbeitern. Die Teilnehmerzahl der Winterlehrgänge blieb seit 1956 bei etwa 40 konstant. Meist lagen die Anmeldungszahlen doppelt so hoch. Nur 1963 wurden wegen der Umstellung der Dienstpflicht in der Bundeswehr nur 35 Teilnehmer erreicht. Die Teilnehmerzahlen in den Sommerlehrgänge schwankten völlig zwischen 18 und 36. Der Anteil der weiblichen Teilnehmer betrug mehr als die Hälfte, auch der Anteil der ausländischen Teilnehmer war relativ hoch.

Mehr und mehr nahm sich der Lehrkörper der Heimvolkshochschule auch der Arbeit im Tagungsheim an, denn hier waren ja 80 Plätze mit

Tagungsteilnehmern belegt, und diese wollten gern insgesamt mit der Heimvolkshochschule Rendsburg kooperieren. 1956 wirkten an den 99 registrierten Tagungen nur bei etwa 30 Prozent Lehrkräfte der Heimvolkshochschule Rendsburg mit. 1961 waren es bei 117 Lehrgängen und Tagungen mit 3718 Teilnehmern bereits 83, die durch die die Heimvolkhochschul-Lehrkräfte pädagogisch betreut wurden. 1966, nachdem ein Teil des Hauses durch das Seminar für die zentralamerikanischen Stipendiaten besetzt war, standen 70 eigenen Lehrgängen nur noch 17 Fremd- oder Gastlehrgänge gegenüber. Das bedeutet Konzentration auf die pädagogische Konzeption der Heimvolkshochschule Rendsburg.

Ständige Einrichtungen wurden der Bauern-Hochschulkurs, der Gärtner-Hochschulkurs, der Fleischer-Hochschulkurs. Der Versuch, Führungskräfte im Handwerk allgemein auszubilden, scheiterte. Immer wieder zeigte sich, je konzentrierter und gezielter das Angebot, um so sicherer der Erfolg.

Auslandskontakte waren für die Heimvolkhochschule Rendsburg charakteristisch seit ihrer Gründung. Waren es in den 20er Jahren vorwiegend Beziehungen zum deutschsprachigen Ausland (Österreich) oder zu Auslandsdeutschen in Jugoslawien und Nordschleswig, so wurden etwa ab 1949 Beziehungen zu den skandinavischen Volkshochschulen geknüpft, und seit 1951 gab es einen regelmäßigen Austausch von Teilnehmern zwischen der Heimvolkshochschule Rendsburg und den schwedischen Volkshochschulen Åsa, Jära und Östragrevie, später kam Katarine-Berg hinzu. Aber der Besuch ausländischer Teilnehmer wurde auch auf Finnland, Norwegen und Dänemark ausgedehnt. Im Jahr 1963 wurde eine Konvertierbarkeit der Stipendien, die im skandinavischen Raum selbstverständlich austauschbar sind, aus Schleswig-Holstein angeregt. Aber bisher wurde dieser Plan noch nicht realisiert. Auch englische Teilnehmer, gelegentlich auch Holländer oder Franzosen oder gar Deutsche aus Nord- oder Südamerika und Kanada nahmen an den Lehrgängen teil.

Eine neue Institutionalisierung der Beziehung zum Norden war die deutsch-skandinavische Sommerschule. 1960 wurde sie zum erstenmal durchgeführt und brachte Leiter und Lehrer skandinavischer Volkshochschulen nach Rendsburg. Die Konzeption war, den Deutschlehrern an skandinavischen Volkshochschulen eine Möglichkeit zu geben, ihre Kenntnisse der deutschen Sprache in der Praxis zu verbessern, und ihnen ein Bild vom Deutschland der Nachkriegszeit zu geben, nicht nur von den wirtschaftlichen Aufbauleistungen, sondern von den politischen Problemen, den künstlerischen Strömungen, den Gedanken über Vergangenheit und Zukunft, den Ängsten und Nöten, dem Leisten und Versagen. Diese Eindrücke, die jeweils durch einen Berlinaufenthalt ergänzt wurden, haben unser Ansehen sehr verbessert.

Es muß schließlich auch noch auf die Außenarbeit verwiesen werden. Die Mitarbeiter der Heimvolkshochschule Rendsburg wirkten im Jahre 1960 an 321 Vortragsveranstaltungen und Arbeitsgemeinschaften in Volkshochschulen und Verbänden, um nur ein Beispiel zu nennen. Die Außenarbeit schaffte den notwendigen doppelten Impuls, half und wirkte nach außen und gab Anstöße nach innen. Es ist wichtig, daß die Mitarbeiter einer Heimvolkshochschule sich in der systematischen, langfristigen Außenarbeit mit Erwachsenen immer neu überprüfen. In den Abendveranstaltungen stimmt man ja mit den Füßen ab, nur wer sich sachlich und methodisch bewährt, behält seine Teilnehmer.

So wird begreiflich, daß bei der Frage, ob durch das starke Engagement nach außen nicht die Leistungsfähigkeit der Mitarbeiter nach innen geschwächt würde, manches für die Außenarbeit sprach. Ich habe mich immer gegen die zentrale und dominierende Stellung des Heimvolkshochschulleiters gewehrt. Wenn das Wort stimmt, daß eine Heimvolkshochschule das sei, was ihr Leiter ist, so ist es abzuwandeln. Eine Heimvolkshochschule ist das, was ihr Leiter an Teamwork, an Kooperationsbereitschaft in ihr entfaltet. Das Kollegium einer Heimvolkshochschule muß das Modell einer demokratischen und pluralistischen Gesellschaft sein, die darin enthaltene Spannung ist es, die sich dem Teilnehmer mitteilt und in den Lehrgängen Dynamik bewirkt. Aber so wie von außen und von innen die Frage des Führungsstils nur bestenfalls theoretisch beantwortet ist, bleibt auch die Gesellungsform im Kollegium und in den Lehrgängen problematisch. Bisher hat unsere Gesellschaft solche Formen verbindlich nicht entwickelt. Was anständig ist, war früher durch den Stand bestimmt, was als schön oder erbaulich oder erhebend zu gelten hatte, wurde oft durch Ideologien vorgeschrieben. Wir leben nicht mehr in einer Ständegesellschaft, und ideologischen Terror haben wir zu verabscheuen gelernt. Aber die einfachen Formen des Umgangs bringen uns in Verlegenheit. Ob man gemeinsam zu Tisch geht oder einzeln, ob man betet, singt oder sich ohne Formel hinsetzt, ob an einem Gesellschaftsabend möglichst jeder mit jeder Dame tanzt, ob es Autorität des Amtes, der Sache oder der Person gibt, alles das bleiben offene Fragen, alles das bringt uns in Verlegenheit. Glücklicherweise. Denn diese Verlegenheit ist Zeichen einer offenen auf Personalisierung gerichteten Gesellschaft.

Nur eins ist sicher, der junge Mensch besitzt mehr an pädagogischem Engagement und Phantasie, um nicht nur zu sich selbst, sondern auch zum anderen zu finden. Und darin sollte denn, bei der Hinwendung zur Sache, immer noch der Wert der Heimvolkshochschule gesehen werde, daß der Mensch sich zum anderen Menschen hin erschließt, daß er begreift und erfährt, daß Bildung reif macht und reich zugleich, daß sie Unsicherheit schafft, nicht Sicherheit, unbekannte Räume aufstößt und manchen zum Zweifel und zur Verzweiflung treibt, aber auch zu Glück und Bestätigung. Bildung darf nicht nur nützlich sein, Bildung muß die Schönheit dieser Welt, ihre Größe, die Möglichkeiten menschlichen Geistes, die Fähigkeit zur Kommunikation erschließen. Solche Arbeit ist nur zu leisten in der Unabhängigkeit von Gruppen und Parteien, Institutionen und Organisationen.

Die Heimvolkshochschule Rendsburg hat dieses Prinzip seit 1921 bewahrt, schon 1842 bis 1848 war es leitendes Prinzip gewesen. Die Arbeit der Heimvolkshochschule als Bildungsarbeit in einer Landschaft ist sinnlos, wenn sie sich einer Gruppe verschreibt, wenn eine Partei in ihr die Herrschaft antritt, wenn der Staat sie reglementiert. Denn dann wird sie Isolierung herbeiführen, wo sie Integration bewirken sollte, Kooperation verhindern, wo sie notwendig ist, Geschlossenheit und Pseudosicherheit vermitteln, wo Offenheit und Bereitschaft, Unsicherheit zu ertragen, zum Lebensprinzip werden muß.

Das war also der Versuch einer sachlichen Analyse der zwölf Jahre Zeit in Rendsburg. Was aber bedeutete diese Zeit für meine Familie und für mich beruflich und persönlich? Zunächst fand ich in der Arbeit die pädagogische Intensität, die ich erhofft hatte. Fünf Monate geben die Chance zu sachlicher Entfaltung eines Gegenstandes, für mich die Fächer Geschichte, Zeitgeschichte, Politik, Lebenskunde. Sie geben die Möglichkeit, verschiedene Methoden zu erproben, auch in den kürzeren Lehrgängen. Aber es fordert auch weit über den Unterricht hinaus zum Umgang mit den Lehrgangsteilnehmern heraus. Wie viele Stunden haben meine Frau und ich in Gesprächen mit den Teilnehmern verbracht, wie viele Male Rat gegeben, wieviel Verantwortung übernommen. Ich fand nach zwölf Jahren war der Rucksack voll, das Gepäck fing an zu drücken. Dabei konnten wir mancherlei verändern helfen. Die fünfziger und sechziger Jahre waren ja nicht nur geprägt durch Restauration, sondern auch durch das Suchen nach neuen Ansätzen.

1967 erfolgte schon der Aufbruch in außerparlamentarischer Opposition und Studentenbewegung, besonders galten die Veränderungen für die Landwirtschaft und für das Bildungswesen. Die jungen Bauern mußten lernen, zu landwirtschaftlichen Unternehmern zu werden, sich auf landnahe Dienstleistungsberufe vorzubereiten. Immerhin waren 1955 in Schleswig-Holstein noch etwa 15 % der Berufstätigen in der Landwirtschaft tätig, heute sind es keine 4 % mehr. Wir mußten neue Wege in neue berufliche Funktionen weisen, mußten auf eine Form der gesellschaftlichen Verantwortung vorbereiten. Wenn heute die langfristigen Lehrgänge nach 20 oder 30 Jahren Wiedersehenstreffen veranstalten, nehmen fast alle Lehrgangsteilnehmer mit ihren Partnern oder Parterinnen daran teil, und die meisten berichten von ihrer Verantwortung in Kommune, Genossenschaft, Gewerkschaft oder Kirchengemeinde.

Zur gleichen Zeit erfolgte das Umdenken im Bildungswesen. Im ländlichen Bereich stark durch den Bauernverband gefördert, mit dem mich auf diesem Felde ein enges Vertrauensverhältnis verband. 1955 schien die einklassige Dorfschule noch unantastbar. Heute ist auch auf den Dörfern ein gegliedertes Schulwesen selbstverständlich.

Meine Familie und ich waren gern in Rendsburg. Meine Kinder liebten den Kanal, den Gerhardtshain, das Gelände. Sie hatten dort ihre Freunde. Meine Frau und ich hatten viele Bekannte und Freunde in Rendsburg, gehörten sozusagen zur Rendsburger Gesellschaft. Ich hatte in der Erwachsenenbildung in Rendsburg und Schleswig-Holstein bestimmenden Einfluß. Die Heimvolkshochschule war ein Kulturfaktor, nicht nur in der Stadt, und, wie ich gern sagte, in der Landschaft, sondern auch im Land. Wenn wir heute durch dieses Land fahren, stellt es sich wie ein großer Garten dar, in dem wir auch einiges gepflanzt, vor allem aber gepflegt haben. Denn hier, wie kaum irgendwo anders in meinem Berufsleben, ging Bildung »vom Menschen aus«.

Leider hat mein Nachfolger meine Arbeit in Konzeption und Stil nicht fortgesetzt. Er wurde von konservativen Kommunalpolitikern ins Amt gedrückt. Vorher war er Studienrat an einem Rendsburger Gymnasium gewesen. Er mißverstand die Heimvolkshochschularbeit gründlich als Schule. Unter seiner Leitung wurden in den langfristigen Lehrgängen im wesentlichen Vorbereitungskurse auf Prüfungen eingeführt. Die Heimvolkshochschule verlor ihr gesellschaftliches und kulturpolitisches Profil.

Seit etwa sieben Jahren leitet nun Stefan Opitz die Heimvolkshochschule Rendsburg. Er konnte von einem neuen Rechtsstatus der Einrichtung ausgehen. Der Trägerverein wurde in einen Förderverein umgewandelt. Träger wurde eine GmbH, die im Unterschied zu früher auch wirtschaftlich für Gebäude und Liegenschaften zuständig ist. So konnte sie durch geschickte Verkäufe einen zügigen modernen Ausbau betreiben. Stefan Opitz entwickelte ein neues Konzept. Er rückte das Musische ins Zentrum der Arbeit, vor allem Musik und Literatur. Die Heimvolkshochschule wurde zum wichtigsten literarischen Treffen in Schleswig-Holstein. Er richtete Lernkurse ein, vor allem Fremdsprachen-Intensivkurse und Deutsch für ausländische Studenten. Er baute den Kontakt mit Skandinavien aus, vor allem mit Schweden. In Lund entwickelte die Heimvolkshochschule eine Dependance. Vor reichlich drei Jahren änderte er den Namen, die Einrichtung heißt jetzt Nordkolleg und entwickelt sich zu einem kulturellen Eckpfeiler der Ostseepolitik der schleswig-holsteinischen Landesregierung.

HAMBURG: Die Verhandlungen über einen Wechsel von Rendsburg nach Hamburg begannen ähnlich wie die Vorverhandlungen für Rendsburg. Hermann Vogts, der seit 20 Jahren die Hamburger Volkshochschule leitete, schlug mir vor, mich für seine Nachfolge zu bewerben. Das war im Frühjahr 1966 auf einer Fähre nach Oslo. Wir machten gemeinsam den ersten Kontaktbesuch des Deutschen Volkshochschulverbandes in Norwegen. Ich als Vorsitzender des Verbandes, er als Auslandsreferent. Wir wollten neben allerlei kontaktfördernden Gesprächen einen Kooperationsvertrag mit den norwegischen Erwachsenenbildungsverbänden abschließen. Hermann Vogts Pensionierung war für den 1. April 1967 vorgesehen. Ich hatte keine Veranlassung, mich zu bewerben, denn alle Verantwortlichen im Vorstand und Kuratorium der Heimvolkshochschule, vor allem auch im Kultusministerium, versuchten mich in Rendsburg und in Schleswig-Holstein zu halten, denn ich war dort ja auch Vorsitzender des Landesverbandes der Volkshochschulen.

Aber Hamburg reizte mich schon, und ich war häufig in der Hansestadt gewesen. Meine Lieblingstante und andere Verwandte wohnten dort. Ich fand die Stadt faszinierend wegen ihrer Schönheit, ihrem kulturellem Angebot, ihrer hanseatischen Gediegenheit.

Hermann Vogts führte mich also beim Schulsenator und beim Landesschulrat ein. Beide kannte ich schon aus meiner Tätigkeit für den Deutschen Volkshochschulverband. Ich spürte, daß mich beide gern in Hamburg sehen würden. Aber ich hatte, abgesehen von dem neuen Tätigkeitsfeld, der neuen weiteren Aktionsbühne, beruflich nichts zu gewinnen. Immerhin leitete ich seit zwölf Jahren die größte Heimvolkshochschule der Bundesrepublik. Mit meinem Einkommen war ich zufrieden. Ich hatte ein Höchstmaß an Handlungsfreiheit. Auch meine Familie war gern in Rendsburg. Meine Kinder protestierten heftig gegen jeden Wechsel. Ich konnte also das Angebot aus Hamburg ausschlagen, ohne eine Chance zu verspielen. Ich war mir sogar darüber im klaren, daß bei einem Wechsel nach Hamburg meine Handlungsfreiheit sicherlich eingeschränkt würde.

Aber der Wechsel der Aufgabe reizte mich und meine Frau und wir fanden, daß wir durch unseren Rat schon zu viele Lebensschicksale beeinflußt hatten. Und wir hatten gelernt, daß man in einer Heimvolkshochschule immer im Dienst ist, Tag und Nacht. Natürlich gab es für den Landesschulrat, der mich gern nach Hamburg haben wollte, auch in Hamburg manches Hindernis zu überwinden. Die einen vermuteten mich zu konservativ, die anderen zu gewerkschaftsverbunden, für die einen war ich zu provinziell, die anderen meinten, ich verstünde, aus der Heimvolkshochschule kommend, zuwenig von großstädtischer Volkshochschularbeit. Trotz allem, Anfang des Jahres fiel die Entscheidung in der Deputation.

Am 1. April konnte ich das neue Amt antreten. Nun trat ich also, nach Kiel und Rendsburg, wieder in eine andere Tradition ein. Die Hamburger Volkshochschule war 1919 durch ein Gesetz gemeinsam mit der Universität gegründet worden. Aber beide Einrichtungen hatten eine lange Vorgeschichte. Sie reichte im Falle der Universität bis zur Gründung des Johanneums in der Reformationszeit zurück, im Falle der Volkshochschule bis zu den Volksaufklärungs- und Bildungsbemühungen der Patriotischen Gesellschaft Ende des 18. Jahrhunderts. Von ihr heißt es: »Eine freie Bürgervereinigung aufgeklärter, zum Teil selbst mit an der Staatsverwaltung teilnehmender Bürger, die aber hier bloß als Privatmänner erscheinen und ihre mannigfaltig verschiedenen Kenntnisse und Erfahrungen hier mitbürgerlich zusammenbringen, um solche nicht im Geist des heutigen Frankreich zur Umkehrung, sondern im deutschen Bürgersinn zum Wohle des deutschen Vaterlandes zu bewenden, ist dem Staat unendlich viel wichtiger und nutzbarer als man gewöhnlich zu glauben geneigt ist. Denn dadurch wird ein zwiefacher, großer Gewinn erzielt, Näherbringen der verschiedenen Stände, Bewirkung gegenseitigen Zutrauens und Bildung des jungen, angehenden Bürgers in so einer wahrhaft hohen Schule, die ihn durch Konversation und Mitteilung so unendlich vieles lehrt, von dem der junge Gelehrte in seinem Kompendium kein einziges Wort findet, von dem der junge Kaufmann auf seinem Comptoir gewöhnlich ebensowenig hört.«

Die Mitglieder der Gesellschaft gründeten deshalb 1791 eine Art Berufsschule. Anfang diese Jahrhunderts richtet die Patriotische Gesellschaft die erste öffentliche Bücherhalle ein. Wichtigstes Intrument der Arbeiterbildung, die 1871 in Hamburg erfolgreich begann. Aber auch die Hamburger Lehrerschaft war besonders um die Ausbreitung der Volksbildung bemüht. Hamburger Lehrer waren in ganz Deutschland als besonders gut ausgebildet und offen für neue Bildungsentwicklungen bekannt. In Hamburg entstanden wichtige Elemente der pädagogischen Reformbewegung, besonders die Kunsterziehungsbewegung hatte in Alfred Lichtwark, dem Begründer der Hamburger Kunsthalle, ihren wichtigsten Anreger. Man sieht: Schon Anfang des Jahrhunderts fließen bewegende, das Bildungswesen erneuernde Kräfte zusammen. Allen diesen Kräften war klar, daß Hamburg eine Universität und eine Volkshochschule brauchte. Das zeigte vor allem auch der Erfolg des von der Oberschulbehörde eingerichteten öffentlichen Vorlesungswesens.

Aber einflußreiche Kreise der Hamburger Kaufmannschaft standen gegen diese Entwicklungen. Der Ausbau der Volksbildung erschien ihnen politisch zu riskant, fürchtete man hier doch die Anhänger sozialistischer Ideen, und auch die Gründung einer Universität, so wurde gemutmaßt, könnte die Strukturen der Hamburger Gesellschaft verändern. So wurde die Gründung von Universität und Volkshochschule bis zum Ersten Weltkrieg verhindert.

Nach dem Ende des Ersten Weltkriegs hatten sich die politischen Strukturen in Hamburg endgültig zugunsten der Sozialdemokratie verschoben. Schon in der zweiten Sitzung der Hamburger Bürgerschaft nach dem Krieg, am 24. März 1919, wurde in dem vorläufigen Gesetz zur Errichtung von Hochschulen in Hamburg die Gründung der Universität und der Hamburger Volkshochschule beschlossen. Rudolf Roß, Mitglied der Bürgerschaft und führender Vertreter der Hamburger Lehrerschaft, wurde ihr erster Direktor. Schon bald wurde Rudolf Roß zum Präsidenten der Bürgerschaft gewählt, und 1930 wurde er Erster Bürgermeister, der erste Erste Bürgermeister, den die SPD stellte, obgleich sie in der ganzen Weimarer Zeit die Mehrheit in der Hamburger Bürgerschaft innehatte. 1930 wurde Kurt Adams, auch SPD-Mitglied der Bürgerschaft, zum Nachfolger von Rudolf Roß als Direktor der Hamburger Volkshochschule gewählt. Er wurde 1933 von den neuen Machthabern abgesetzt und kam 1942 im KZ Dachau ums Leben.

Es war zwar von Anfang an eine enge Verbindung zwischen Universität und Volkshochschule angestrebt und im Gesetz und in zusätzlichen Erlassen festgelegt worden. Aber schon nach wenigen Jahren war die Kooperation fast eingeschlafen. Konservative Professoren standen der Zusammenarbeit entgegen, vor allem jüdische Professoren jedoch bemühten sich weiter um enge Kooperation. So vor allem Ernst Cassirer, Walter A. Berendson, A. Mendelssohn-Bartholdy, Siegfried Landshut. Was Wunder, daß nach der Machtergreifung des Nationalsozialismus auch in Hamburg die Arbeit der Volkshochschule radikal geändert wurde. Ein militanter Nazi, Heinrich Haselmeier, wurde eingesetzt, ihm folgte von 1936 an Ernst Schrewe. Von ihm wird berichtet, daß einige seiner Kurse in Wirtschaftspolitik halbwegs objektiv gewesen seien und dem Stand der wissenschaftlichen Forschung, nicht der NS-Wirtschaftsideologie entsprochen hätten. Er wurde 1944 von einem Assistenten Wilhelm Flitners, von Fritz Blättner abgelöst, der von sich selbst berichtet, daß er nicht der Partei angehört habe. Jedenfalls verschwand das NS-Emblem auf dem Deckblatt des Arbeitsplanes – und das 1944, nach Stalingrad, nach der beginnenden Invasion, nach dem Attentat auf Hitler vom 20. Juli, nachdem auch die Wehrmacht mit dem Hitlergruß zu grüßen hatte, aber auch nach der Zerstörung Hamburgs in den letzten Julitagen 1943. Blättner leitete die Hamburger Volkshochschule bis 1946, dann wurde er zum Professor für Pädagogik an die Universität Kiel berufen.

Im Oktober 1945 wurde von Fritz Blättner der neue Arbeitsabschnitt im vollbesetzten Festsaal des Hamburger Rathauses vor viel Hamburger Prominenz und Vertretern der Militärregierung mit einer Rede eingeleitet. Er sagt darin:»Aber Not und Mangel sind nicht Feinde, dem Tüchtigen sind sie Ansporn und Aufgabe, lassen wir uns auch unsere Not, die wahrhaft grenzenlos ist, so ansehen, als Aufgabe und Ansporn an ihr zu wachsen, bemühen wir uns in diesen tätigen Sorgen die höchsten und edelsten Kräfte in uns zu entwickeln, so werden wir nicht nur uns selbst, den Leidenden, den Hungernden, den Frierenden unter uns helfen, sondern auch im Reigen der Völker wiedererscheinen unter denen wir jetzt als Fremdling stehen. Als ein Fremdling, der verhaßt ist, weil er Beherrscher der Freien sein wollte, da er doch zu Höherem und Schönerem bestimmt war, nämlich Bruder und Lehrer zu sein, haben wir aber an der Lösung der Not zu uns selbst, zu unserem besseren Selbst zurückgefunden, so werden wir einst wieder aufgenommen werden als Bruder, Lehrer und Lernender, denn jedes Volk hat jedem Volk zu geben.« Man sieht, hier klingt ein am deutschen Idealismus orientierter, verblasener Humanismus an, verbunden mit einer merkwürdigen Ansprüchlichkeit. Soll wirklich am deutschen Lehrer die Welt genesen? Auch die Sprache dieses hochgebildeten Mannes war vom Nationalsozialismus nicht unbeschädigt geblieben.

Das war es also in diesen Jahren. Immer wieder wurde Goethe beschworen, 1949 war sein 200. Geburtstag. Dabei hätte uns Lessing gefehlt. Ihn brauchten wir, auch 1945, nicht nur den »Nathan«, als Alibi-Lessing, sondern vor allem den hellwachen, bohrenden Aufklärer, der das lebte, was er dachte und schrieb. Aber die deutschen Volkshochschulen entdeckten erst in den sechziger Jahren ihren aufklärerischen Auftrag.

1946 übernahm Hermann Vogts die Leitung der Hamburger Volkshochschule. Ihm war aus persönlicher Erfahrung und der familiären Vergangenheit die Notwendigkeit der politischen Bildung von Anfang an deutlich. Er übernahm Rudolf Roß' alte Forderung »Demokratie braucht Bildung«, richtete vor allem Kurse zur Beschäftigung mit der Zeitgeschichte ein und knüpfte in vielem an die Volkshochschule der Weimarer Zeit an. Aber er beschränkte sich dabei während seiner gesamten Dienstzeit hindurch auf das »Eigentliche«, wie ich es gern nenne, und das fand, etwas hämisch gesprochen, zwischen Philosophie und Gymnastik statt. Er führte diesen Stil trotz einer realistischen Wende in deutschen Volkhochschulen weiter. Fremdsprachen z.B. wurden in Hamburg in der Staatlichen Fremdsprachenschule angeboten, und er vermied den Aufbau eines hauptamtlichen pädagogischen Kollegiums.

Als ich die Leitung der Volkshochschule am 1. April 1967 übernahm, gab es in der Zentrale einen einzigen hauptamtlichen pädagogischen Mitarbeiter neben dem Leiter und einen einzigen hauptamtlichen Leiter in der Außenstelle Harburg. Die Volkshochschule war in fünf Büroräumen in einem Hochhaus am Karl-Muck-Platz untergebracht, eigene Unterrichtsräume gab es nicht, aber eine bemerkenswert gut sortierte, umfangreiche Bibliothek. Das alles bei etwa 50 000 Hörern in 2000 Kursen, betreut von 460 Dozenten.

Meine ersten Eindrücke faßte ich in einem kurzen Beitrag für die Festschrift zum 75jährigen Bestehen der Volkshochschule 1994 zusammen.

Ich versuchte die Arbeit genauer kennenzulernen. Gemeinsam mit Leo Scherwath, dem Geschäftsführer, besuchte ich etwa 200 Kurse. Scherwath war bereits seit den zwanziger Jahren im Dienst der Volkshochschule und unersetzlich. Er kannte jedes Schriftstück und jeden Dozenten.

Der Eindruck meiner Kursbesuche war zwiespältig. Es gab hervorragende Angebote in politischer Bildung, besonders in Zeitgeschichte, auf Hermann Vogts bevorzugtem Arbeitsfeld. Auch in Malerei und anderen künstlerisch-schöpferischen Tätigkeiten wurde hervorragende Arbeit geleistet. Aber es gab auch das andere. In einem Philosophiekurs bot ein Dozent Jahr für Jahr das gleiche an, unterhielt seine zahlreich erschienenen Teilnehmer mit Anekdoten und Witzen, statt ihnen philosophische Erkenntnisse zu bieten. Ein anderer Dozent schob in einem Kurs über Malerei des Im- und Expressionismus in 90 Minuten 150 Dias durch ein Diaskop und hatte trotzdem 80 Teilnehmer. Ein Engländer, der in Fernseh-Werbespots als Genießer von Lipton-Tee auftrat, lehrte Englisch mit Humor. Humoristisch war sein Angebot zweifellos, doch es haperte am Lerngewinn.

Ich hielt meine Beobachtungen in einer Denkschrift fest und entwickelte eine Konzeption: Einführung von überschaubaren Fachbereichen, die von fachlich qualifizierten Mitarbeitern geleitet werden. Das Stichwort dafür in der Erwachsenenbildung hieß damals Professionalisierung. Hauptamtliche Mitarbeiter sollten nebenamtliche nicht ersetzen, sondern deren verantwortliche Arbeit erst möglich machen. Das Kursangebot sollte um lernzielorientierte Sprachkurse und Kurse mit berufsbezogenem Akzent ergänzt werden. Auch wollte ich eigene Räume und Häuser für die Volkshochschule. Das war alles neu für Hamburg. Mein Vorgänger hatte so etwas nie gefordert.

Als erstes wurde die Außenstelle Harburg mit Rudolf Michaelis zum Experimentierfeld meiner Pläne, und bereits 1968 konnte ich mit Regina Siewert die »Junge Volkshochschule« einrichten und die Wirkung eines hauptamtlich geführten Fachbereichs vorzeigen. Das alles geschah 1967/68 in einer Zeit politischer Aufgeregtheit und am Beginn der Reformpolitik vor allem im Bildungswesen.

Mein unmittelbar pädagogisches Umfeld in dieser Zeit war begrenzt auf meine Philosophiekurse, die ich an der Volkshochschule gab. Das Feld meiner bildungstheoretischen und politischen Aktivität jedoch waren die haupt- und nebenamtlichen Mitarbeiter. Ich merkte, hier mußte nicht nur inhaltlich mehr geschehen, sondern auch in der Kommunikation. Unser Privathaus wurde deshalb zur Stätte unzähliger Begegnungen zwischen Menschen, die der Volkshochschule verbunden waren: Mitarbeiter, Kulturpolitiker und andere Repräsentanten des öffentlichen Lebens.

Ein Auf- und Ausbauprogramm war nun im einzelnen zu entwickeln, eine auf die besondere Situation Hamburgs bezogene Konzeption zu finden. Dabei waren die Besonderheiten der jeweiligen Stadtregion neben dem Gesamtinteresse der Stadt zu berücksichtigen. Zugleich wirkten auf die Volkshochschule in Hamburg die Diskussionen um das Bildungswesen in der Bundesrepublik ein. Ich war in zweierlei Hinsicht involviert. Als Vorsitzender des Deutschen Volkshochschulverbandes und als Leiter des Referates Erwachsenenbildung in der Behörde der Hansestadt, was ich neben meiner Funktion als Direktor der Volkshochschule innehatte. In dieser Position vertrat ich auch die Hansestadt in dem entsprechenden Unterausschuß der Kultusministerkonferenz (KMK) und in dem zuständigem Ausschuß des deutschen Bildungsrates. Hier sammelte ich wichtige Erfahrungen auch für die Tätigkeit in der Hamburger Volkshochschule.

Im deutschen Bildungsrat erarbeiteten wir als Experten für Erwachsenenbildung die Konzeption der besonderen Aufgabe der Erwachsenenbildung in einem in seiner Struktur veränderten Bildungswesen. Wie sollte sich das Bildungswesen weiterentwickeln? Es sollte in drei Stufen gegliedert werden. Abgesehen von der Einübung der Kulturtechniken in der Primarstufe, kam es in der Sekundarstufe darauf an, zu lernen, wie man lernt. Ausgehend von der immer schnelleren Veralterung der Bildungsinhalte kam es auf ständige Erneuerung an, Einstellen auf neue Techniken, neue Tätigkeitsfelder, künftige Bezüge, neue Fundamente für die Gesellschaft. Deshalb war die Grundforderung: lebenslange Lernfähigkeit und Lernbereitschaft. In der Tertiarstufe waren dann Sachkenntnisse besonders für den Beruf zu erwerben.

Eine völlig neue Bedeutung erhielt nach diesem Konzept der vierte Bereich. Im Strukturplan für das Bildungswesen heißt es deshalb: »Schule und berufliche Ausbildung werden künftig für immer mehr Menschen nur die erste Phase im Bildungsgang sein, denn schon heute zeigt sich, daß die in dieser ersten Bildungsphase erworbene Bildung dann später den an den einzelnen herantretenden Anforderungen selbst dann nicht genügen kann, wenn diese Bildung auf Tiefe, Breite und Erfüllung der erwarteten Bedürfnisse angelegt wird. Der einzelne, der sich auch den Zuwachs an unsystematischer, häufig unreflektierter Erfahrung beschränken würde, könnte mit der Entwicklung nicht mehr Schritt halten. Immer mehr Menschen müssen durch organisiertes Weiterlernen neue Kenntnisse, Fertigkeiten und Fähigkeiten erwerben können, um den wachsenden und wechselnden beruflichen und gesellschaftlichen Anforderungen gerechtzuwerden. Der Begriff der ständigen Weiterbildung schließt ein, daß das organisierte Lernen auf spätere Phasen des Lebens ausgedehnt wird und daß sich die Bildungsmentalität weitgehend ändert, denn Weiterbildung kann sich dabei nicht auf einen Funktionszusammenhang mit technischem Fortschritt beschränken. Sie zielt vielmehr darauf, den Menschen zur bewußten Teilnahme und Mitwirkung an den Entwicklungen und Umformungsprozessen aller Lebensbereiche zu befähigen und ihm dadurch die Entfaltung seiner Person zu ermöglichen.«

Und an späterer Stelle heißt es:»Weiterbildung wird hier als Fortsetzung oder Wiederaufnahme organisierten Lernens nach Abschluß einer unterschiedlich ausgedehnten ersten Bildungsphase bestimmt. Das Ende der ersten Bildungsphase und damit der Beginn möglicher Weiterbildung ist in der Regel durch den Eintritt in die volle Erwerbstätigkeit gekennzeichnet. Dabei ist die Hausfrau dem Personenkreis der Erwerbstätigen zuzurechnen. Unter Berücksichtigung der nachschulischen Bedingungen (Erwerbstätigkeit, verändertes Verhältnis zum Lernen) sind ebenso wie in anderen Bereichen des Bildungssystems Curricula zu entwickeln. Diese müssen relativ abgeschlossene Lerneinheiten umfassen, die überschaubar gegliedert sind und variabel zusammengesetzt werden können. Daneben stellt sich die didaktisch-pädagogische Aufgabe, indem Weiterbildung berufsspezifische und allgemeine Lernelemente miteinander verbindet.«

Und schließlich:»Ständige Weiterbildung für die Erwerbstätigen kann erst dann zu einer Selbstverständlichkeit werden, wenn Weiterbildung als Teil der Berufsausübung verstanden wird. Ein Anspruch auf Freistellung von anderer Arbeit muß die Teilnahme an der Weiterbildung gewährleisten. Diese ist durch gesetzliche Regelung oder tarifvertragliche Vereinbarung zu sichern. Ein ausschließlich tarifvertraglich verankerter Anspruch auf Freistellung von anderer Arbeit könnte der Entstehung neuer Bildungsprivilegien Vorschub leisten.«

Die Verhandlungen, die zu diesem Ergebnis führten, waren schwierig. Ich hatte besonders mit dem Begriff Weiterbildung meine Schwierigkeiten. Auch Hellmut Becker stimmte im Ausschuß nur mit Bedenken für diese begriffliche Lösung. Was hätte man auch sonst nach Primar-, Sekundar- und Tertiarstufe sagen sollen. Quartär erschien uns als ein zu geologischer Begriff. Andererseits erschien es uns logisch, den adressatenbezogenen Begriff Erwachsenenbildung zu überwinden und den ganzen Bereich in ein funktionsbezogenes System einzuordnen. Das schien nur mit dem Begriff Weiterbildung möglich. Inhaltlich hatten Becker und ich wenig Einwände, wenn auch die Begriffe »politische Bildung« und »kulturelle Bildung« expressis verbis fehlten.

Der Deutsche Volkshochschulverband hatte ja schon Ende der sechziger Jahre eine Programmschrift unter dem Titel »Stellung und Aufgabe der Volkshochschule« veröffentlicht. Hier wurde die Aufgabe der Volkshochschule als »Hilfe für das Lernen, Hilfe zur Orientierung und Urteilsbildung, Hilfe zur Eigentätigkeit« beschrieben. Schon in der sogenannten realistischen Wende hatten die Volkshochschulen ihre Aufgabe für die praktische Meisterung des Lebens auch durch den Beruf entdeckt. Ich hatte diese Forderung auf einer viel beachteten Fachtagung in Ingelheim mit dem Referat »Ausbildung und Bildung als Aufgabe der Volkshochschule 1961« eingeleitet, wo ich als Vorsitzender des Pädagogischen Ausschusses des Deutschen Volkshochschulverbandes sprach. Der Ausschuß hat dann diese Entwicklung sehr gefördert. Ein erstes wichtiges Ergebnis war die Einführung des Zertifikatssystems für Fremdsprachen.

Das alles galt es nun für mich in Hamburg, wo diese Gesichtspunkte auch in der Behörde und in den Fachausschüssen ziemlich unbekannt waren, umzusetzen. Von der Leitung der Volkshochschule waren sie jedenfalls nie geäußert worden. Die Konsequenz für die Arbeit der Volkshochschule waren: inhaltliche Neugestaltung und die Erschließung neuer Aufgabenfelder. Das bedeutete zum Beispiel die Überführung der Kurse der staatlichen Fremdsprachenschule in die Volkshochschule. Damit aber hing die Schaffung von Fachbereichen und die hauptamtliche Besetzung ihrer jeweiligen Leitung zusammen. Ebenso wichtig war die Entwicklung der bisher nebenamtlich geleiteten Außenstellen zu hauptamtlich geleiteten Stadtbereichen. Sie sollten aber weiter in einem engen Bezug zur Zentrale stehen. Die Bildung von selbständigen Bezirks-Volkshochschulen wie in Berlin stellte nach meiner Ansicht ein negatives Beispiel dar. Im Laufe der Zeit mußten dann fachübergreifende zielgruppenorientierte Projekte entwickelt werden.

Das erste war die Konzentration auf Frauenbildung, wichtig aber auch waren Deutsch für Ausländer, Hauptschulabschlußkurse und Kurse zur Überwindung des funktionalen Analphabetismus unter dem Thema »Deutsch von Anfang an«.

Natürlich war das alles nur in eigenen der Volkshochschule zur Verfügung stehenden Häusern und Räumen für die Stadtbereiche und die besonderen Projekte realisierbar. Alle diese Forderungen stießen bei der Behörde auf viel Skepsis und zum Teil auf offene Ablehnung. Auch die offiziellen Verlautbarungen der KMK und der Kommunalen Geimeinschaftsstelle (KGSt) konnten daran wenig ändern.

Das nahm man in Hamburg sowieso traditionell wenig zur Kenntnis. Ich hatte in meiner Dienstzeit mit fünf verschiedenen Senatoren und fünf Amtsleitern zu tun. Offene Ohren und viel Verständnis hatte ich bei den Senatoren Wilhem Drexilius und Peter Schulz und bei den Amtsleitern Ernst Mathewes, Wolfgang Neckel und Hubert Wegner. Unter ihnen konnten tatsächlich die wichtigsten ersten Schritte eingeleitet werden. Unter Peter Schulz wurde die Struktur der Behörde völlig verändert und neben dem Amt für Schule ein neues Amt für Berufs- und Weiterbildung eingeführt. Die Volkshochschule wurde in dieses Amt eingegliedert, und der erste Amtsleiter, Hubert Wegner, sein Stellvertreter und der spätere Senator Jürgen Steinert waren sehr hilfreich. Dann änderte sich die personelle Situation. Mit Günther Apel wurde eine neue Politik gegenüber der Volkshochschule eingeleitet. Günther Apel kam aus dem Vorstand der DAG und war dort unter anderem für Bildung zuständig gewesen. Er stand also von seiner Herkunft her auf der anderen Seite, nämlich auf der Seite der Kritiker der Volkshochschulen. Er war gegen ihre besondere öffentliche Stellung und öffentliche Forderung eingestellt. Der Nachfolger Hubert Wegners in der Amtsleitung folgte ihm völlig in seiner Politik gegenüber der Volkshochschule. Das führte zu einer Stagnation in der Entwicklung. Unter Senator Grolle und Senatorin Rosemarie Raab und dann auch unter einer neuen Amtsleitung änderte sich der Kurs wieder zugunsten der Volkshochschule. Neue Entwicklungen wurden möglich.

Aber das größte Hindernis für die Volkshochschule war die mittelbare Unterstellung unter das Amt für Verwaltung und der verbissene Kampf der »Amtsrats-Gewerkschaft« gegen jede Art von Selbständigkeit der Volkshochschule und deren Leitung. Allzusehr versuchte der Leiter gegen den geheiligten Grundsatz der Verwaltung »das haben wir immer so gemacht, oder das haben wir noch nie so gemacht« zu verstoßen. So mußte er bestraft werden, und die vereinigten Amtsräte besitzen am Ende mehr Druckmittel als die Spitzenbeamten. In den meisten Perioden meiner Amtszeit konnte ich mich auf meine Mitarbeiter verlassen. Es gibt zwei Einschränkungen. Irgendwann Mitte der siebziger Jahre schlug das 68er-Syndrom auch auf die Volkshochschule durch. Die Autorität des Leiters war wenig erwünscht. Später änderte sich das wieder. Und während der Zeit der Vollbeschäftigung war es schwer, qualifizierte und geeignete Verwaltungskräfte zu finden. Man mußte zum Teil auf wenig geeignete Mitarbeiter zurückgreifen. Das behinderte die Entwicklung der Volkshochschule zeitweilig sehr. Ich selbst definierte meine Rolle als das Zentrum eines Kooperationssystems, in dem die teilweise gegeneinander strebenden Interessen der Fachbereiche, der Stadtbereiche und der Verwaltung zu gemeinsam geplantem Handeln zusammenzuführen waren. Und ich mußte nicht zuletzt auch – angeregt durch meine Verbands- und sonstige Tätigkeit außerhalb der Volkshochschule – durch meine wissenschaftliche Arbeit neue Impulse geben. So war unsere wöchentliche Konferenz folglich ein Seminar für Erwachsenenbildung.

Eines wurde deutlich: Volkshochschule ist immer ein Prozeß, nie fertig, und nur in ihrer Dynamik erhält sie ihr Profil. Das bedeutet für die Leitung aber auch Einbindung in die Gesellschaft und persönliche Mitwirkung in vielen Gruppen. Gerade in einer so großen, zunehmend unübersichtlich werdenden Stadt muß die Volkshochschule Präsenz in allen gesellschaftlichen Gruppierungen halten.

Ich hatte mich schon ein Jahr nach meinem Dienstantritt kritisch mit der Rechtsform der Volkshochschule als nachgeordnete Dienststelle der Behörde für Schule und Berufsbildung auseinandergesetzt und die Umwandlung in einen selbständigen Landesbetrieb vorgeschlagen. Mir war klar, daß der Einfluß einer sachunkundigen Abteilung für allgemeine Verwaltung die Dynamik der Entwicklung der Volkshochschule ständig behindern müsse und daß die Verfügung ausschließlich über einen festgelegten Ausgabeetat eine Expansion der Volkshochschule einschränken würde. Aber die Verwaltung hielt an der Erhaltung der Strukturen beharrlich fest und war eher an einer noch rigideren Einschränkung der Eigenständigkeit interessiert. Auch die Amtsleitung sah zumindest zeitweise in einer Veränderung eine Schwächung der Position des Amtes, und erst gegen Schluß meiner Amtszeit sahen Behörden und Amtsleitung die Notwendigkeit einer Entwicklung zum Landesbetrieb ein und betrieben die Veränderung erfolgreich in allen Entscheidungsgremien. Mir war deutlich, daß diese Umwandlung die langjährige Umstellung aller Mitarbeiter, vor allem auch der pädagogischen, bedeutete. Da diese Aufgabe in meiner offiziellen Dienstzeit nicht mehr zu erfüllen war, schied ich ein Jahr vor meinem zwingenden Pensionierungsdatum aus, um dem Nachfolger die Chance eines unbeeinflußten und uneingeschränkten Neuanfangs zu geben. Die Einführung dieser von mir jahrzehntelang angestrebten Rechtsform war sozusagen mein Abschiedsgeschenk.

Medien

Meine journalistische Laufbahn begann im Alter von zehn Jahren mit Beiträgen auf »Onkel Pims Kinderseite« in der Kieler Zeitung (so hießen damals die Kieler Neuesten Nachrichten, heute Kieler Nachrichten). Ich schrieb kleine Geschichten, Erlebnisberichte und Gedichte. Und weil Onkel Pim eigentlich Lokalredakteur war und Werner Feigel hieß, setzte ich später die Arbeit im Lokalteil fort und schrieb Feuilletons über örtliche Persönlichkeiten und Berichte über Konzerte, Ausstellungen und Veranstaltungen. So hatte ich schon Gedrucktes vorzuweisen, als ich in den Krieg ziehen mußte.

Nach der Rückkehr aus der Gefangenschaft und zu Beginn des Studiums planten Freunde und ich die Gründung einer Studentenzeitschrift, die aber nicht zustande kam. Ab 1951 schrieb ich dann gelegentliche Berichte im Lokal- und Kulturteil der Kieler Nachrichten und ab 1952 Fachartikel über Erwachsenenbildung, besonders in der »Kulturarbeit«, die damals die wichtigste kulturelle Informationszeitschrift für die Kommunen in der Bundesrepublik war. Meine Tätigkeit für Printmedien besteht bis heute. Neben Beiträgen zu Fachzeitschriften habe ich auch immer gern für Zeitungen geschrieben. Schreiben ist für mich eine Sache der Selbstvergewisserung, ein selbst auferlegter Zwang zu Kürze und Genauigkeit, wichtig für Leute, die viel und ohne Konzept reden.

1949 gewann ich einen ersten Einblick in die Arbeit des Nordwestdeutschen Rundfunks (NWDR). Mit zwei Kieler Kollegen nahm ich an einem zweiwöchigen Kurs der Rundfunkschule in Hamburg teil. Adolf Grimme hatte die Rundfunkschule schon kurz nach seinem Amtsantritt 1948 als Generaldirektor des NWDR gegründet. Männer und Frauen der Wissenschaft, der Schule, der Erwachsenenbildung und der Kunst wurden mit den neuen Möglichkeiten des Rundfunks vertraut gemacht. Dort bin ich Adolf Grimme 1949 persönlich begegnet. Die Rundfunkschule lag ihm sehr am Herzen. Hier konnte er wieder Lehrer sein. Wir diskutierten damals über die Möglichkeiten und Grenzen des Rundfunks und experimentierten selbst mit diesem Medium. Albin Stübs fand unsere Beiträge allesamt zu professoral. Erst als zwei Freunde und ich über moderne Kunst auf plattdeutsch diskutierten, war das hinreichend volkspädagogisch. Selten war Rundfunk in allen seinen Facetten so hautnah zu erfahren wie hier. Das neue Medium wurde so für viele Bereiche erschlossen.

Adolf Grimme verstand den Rundfunk als pädagogische Chance. Bei der Übernahme seines Amtes hatte er unter anderem gesagt: »Die Überwindung unserer geistigen Not ist doch die tiefste Quelle unseres Leides, daß wir ins Glaubenslose abgesunken sind, weil wir blind sind für die Welt der Werte und deren Rangordnung nicht mehr kannten. So leben wir in einem Vakuum und sind richtungslos geworden. Indem der Rundfunk uns den Zugang zu den echten Werten erneut vermittelt, wird er auf dieser unserer geistigen Irrfahrt der Kompaß und wird zum Wegbereiter einer neuen Schau des Menschen und seiner Sendung in der Welt. So heißt Dienst am Rundfunk ist Dienst am Werden des neuen Humanismus, nicht eines Humanismus der Gelehrten, eines Volkshumanismus vielmehr, denn dazu soll er dienen, daß sich ein ganzes Volk bewußt wird, was es heißt, Mensch zu sein.« Das war also der Volkspädagoge im Rundfunk.

Die Rundfunkschule bildete übrigens in einer besonderen Abteilung auch junge Mitarbeiter für den Rundfunk aus. Ich habe vor ein paar Jahren bei der Verleihung des Adolf Grimme-Preises in Gerd Ruge einen Schüler dieser Schule getroffen. Wir verbrachten den Abend mit Erinnerungen an das Hamburg von 1949. In dem Kurs lernten wir viele Facetten des Rundfunks kennen. Viele Abende verbrachten wir in den Studios. Ich erinnere mich an die Diskussion mit Albin Stübs und Joachim Maaß, mit Walter Steigner und den beiden hervorragenden Frauen Dorothea Rohne und Julia Nusseck. Auch Adolf Grimme stieß an diesen Abenden häufig zu uns, souverän im Auftreten, brillant in der Formulierung und doch etwas idealistisch-naiv in der Einschätzung der Aufgabe. Deren Reiz lag in der besonderen Funktion einer großen Anstalt über Ländergrenzen hinweg. Ganz unterschiedliche politische Konzeptionen wurden hier von einem Sender versorgt.

Das öffentlich-rechtliche Prinzip war fast zu einem zentralen Prinzip geworden. Das alles kurz nach der Währungsreform. Die Mark war wieder etwas wert, die Hörsäle in den Volkshochschulen waren nicht mehr überfüllt, die Museen wurden kaum besucht, die Devise der Menschen war: Schaffen, zu Geld kommen und nebenbei Rundfunk hören. Adolf Grimme erkannte die Chance dieses neuen Mediums. Aber er war nicht der Intendant, Gestalter oder Sendungsmacher, sondern Generaldirektor und somit ein Verwaltungsbeamter. Er hatte für die Bereitstellung und Besetzung der Stellen zu sorgen, für den Ausgleich zwischen den Funkhäusern. Die pädagogische Aufgabe trat hinter die Verwaltungszwänge zurück. Und in dieser großen Verwaltung – man warf ihm z.B. vor, allein die Zentralverwaltung von drei Mitarbeitern auf nahezu 250 erhöht zu haben – gab es noch viele unterschiedliche Charaktere und Meinungen und unterschiedliche sachliche Voraussetzungen. Es wurde bekannt, daß nirgends so intensiv und erfolgreich intrigiert würde wie beim NWDR. Adolf Grimme litt darunter, ohne diesen Zustand eigentlich recht ändern zu können. Seine Personalpolitik wurde angegriffen. Es hieß, alle Mitarbeiter seien politisch links, von Maaß über Weddingen bis Stübs, und dann gab es noch den etwas unglücklichen Herrn Wenzlau im Büro des Generaldirektors. Es waren keine glücklichen Jahre für Grimme.

Eine Äußerung von Peter von Zahn macht deutlich, daß die Position Adolf Grimmes im NWDR keineswegs unumstritten war. 1951 wurde im Sender die Frage debattiert, ob Kommentare vor den Sendungen jeweils in einer Diskussion verteidigt werden müßten. Ein Verfahren, das einer Vorzensur gleichgekommen wäre. Peter von Zahn dazu: »Im wesentlichen handelt es sich dabei um Versuche von Herrn Grimme, dem damaligen Generaldirektor, eine Form zu finden, die zwischen den Ansprüchen der Journalisten im Hause, ihre Meinung ungehindert und frei äußern zu können, und den zu erwartenden Schwierigkeiten aus den Staatskanzleien und aus den großen Verbänden eine Art von Kompromiß zu formen, bei dem die harten Ecken vor der Sendung abgeschlagen werden sollten. Herr Grimme war ja eine Mann des Kompromisses, des Augleichs, des Versuchs, es allen recht zu machen, was nicht immer hieß, daß dann allen Gerechtigkeit widerfuhr. Aber das war ganz bestimmt seine Absicht, und darauf entstanden dann diese Diskussionen.«

So war Adolf Grimme also nicht glücklich mit seiner Arbeit. Bei meinen Recherchen für mein Buch über Adolf Grimme fand ich im »geheimen, preußischen Staatsarchiv« in Berlin, besonders im Spiegel und in satirischen Zeitungen dieser Zeit, manch hämischen Bericht über seine Tätigkeit. Er schreibt deshalb bei Ablauf seiner ersten Amtszeit 1952 an eine Freundin: »Ich zähle die Monate bis zum Ablauf meiner Amtsperiode, mich erneut zur Wahl zu stellen möchte ich seit langem nicht mehr. Denn ich sehe, daß ich mich an einer Arbeit aufreibe, die auch ein anderer tun kann, während ich zu dem nicht komme, was mir aufgegeben zu sein scheint und von dem ich in jenem bedrückendem Oktober 1942 weggeholt wurde. Die Entscheidung wird mir um so leichter, als ich mich nicht als politische Figur fühle, als solche aber genommen werde, und dabei nun ständig erleben muß, daß mich die CDU als SPD-Mann bekämpft und die SPD mich in keinster Weise unterstützt.«

Trotzdem entschloß er sich zu einer neuen Kandidatur, machte aber Einstimmigkeit für die Übernahme des Amtes zur Voraussetzung. Die Wahl erfolgte einstimmig, und Grimme nahm erneut die Last des Amtes auf sich. Aber die neue Amtsperiode brachte eigentlich nur noch den Kampf um den Erhalt der großen Anstalt des NWDR, dessen Zerschlagung er nicht aufhalten konnte. Schon 1954 schrieb er an den Vorsitzenden des Verwaltungsrates: »Nachdem es meinen engeren Mitarbeitern und mir in mühevoller Arbeit gelungen ist, in den letzten sechs Jahren aus dem NWDR ein Instrument zu schaffen, das nicht nur in kultureller, in technischer und wirtschaftlicher Hinsicht allen Anforderungen entspricht, sondern das gerade durch den großen Raum, den es umfaßt, einen Brückenschlag zwischen Stämmen und Konfessionen ermöglicht, das aber auch im Ausland durch seine an der Spitze der europäischen Rundfunkanstalten liegende Technik, durch seine Sendungen dem deutschen Ansehen stärkste Geltung verschafft hat, nachdem also dies alles gelungen ist, habe ich an die Verwirklichung der Zerschlagung dieses Instruments lange nicht glauben wollen, um so weniger, als die Zerschlagung von Männern angestrebt wird, die auf einer anderen Ebene für große Zusammenfassungen eintreten.«

1956 läuft seine zweite Amtszeit ab. In meinem Buch heißt es dazu: »So wird denn nach Grimmes zweiter Amtszeit als Generaldirektor der NWDR, die große leistungsfähige Anstalt zerschlagen. Bei seinem Ausscheiden 1956 gibt es zwei Anstalten, NDR und WDR, und unendlichen Partikularismus in der Rundfunklandsschaft. Das war der erste Streich gegen den öffentlich-rechtlichen Rundfunk. Grimme hat ihn trotz aller Entschiedenheit nicht verhindern können. Die politischen Kräfte und die inneren Strukturprobleme des Rundfunks waren größer. Was hätte Grimme zu dem entscheidenden zweiten Schlag gesagt, der Einführung des privaten, kommerziellen Rundfunks und Fernsehens? Im Zeichen der Meinungsvielfalt werden das pädagogische und politische Prinzip des Rundfunks und des Fernsehens ins Prinzip des Profits verwandelt.«

Meine eigene aktive Beziehung zum Rundfunk, jetzt zum NDR, begann 1955 mit meinem Wechsel nach Rendsburg. Ich habe in den zwölf Jahren meiner Rendsburger Zeit unzählige Interviews gegeben, denn in der Heimvolkshochschule war ja immer etwas los. Besonders junge Reporter kamen gern zu mir. Ich hatte inzwischen viel Routine, nahm mir mehr Zeit für die Aufnahme als z.B. die Politiker und wußte, wie wichtig für die Arbeit in der Heimvolkshochschule das öffentliche Gespräch war. Ende der fünfziger Jahre übernahm ich eine Sendereihe, die »Betrachtungen eines Staatsbürgers« hieß und jede Woche einmal am frühen Abend gesendet wurde. Kurz darauf entwickelte ich eine Sendereihe unter dem Titel »Allerlei Alltag«. Sie war jeden Freitag kurz vor 18.00 Uhr der letzte Beitrag der Woche in der Umschau am Abend. Durch meine vielen Auslandsreisen wurde ich zur Mitarbeit an der am Sonntagmorgen gesendeten Reihe »Zwischen Hamburg und Haiti« angeregt. Es entwickelte sich ein beinahe freundschaftliches Verhältnis zu Wilhelm Asche, dem verantwortlichen Redakteur für diese Reihe. Bis zu seinem Tod habe ich für ihn besonders gern gearbeitet.

Am 1. Januar 1953 begann in der Bundesrepublik das öffentlich-rechtliche Fernsehen. Adolf Grimme sagt vor der ersten Sendung: »Das Fernsehen gibt uns noch einmal eine große Chance, Dienst an der deutschen und an der europäischen Kultur zu leisten, und alles Große, es ist ja eine Banalität, wenn man es ausspricht, aber man muß es immer wieder aussprechen, alles Große wächst langsam. So hat uns denn die Technik jene kunstvolle Schale geliefert, die sich fortan alltäglich mit dem bunten Weltgeschehen füllen wird. Neue Quellen der Freude werden sich uns im Anblick von Spiel und Tanz erschließen, verschlossene Tore zum Reich des Geistes werden aufgestoßen, und unser Leben kann dadurch nicht nur reicher, es kann dadurch auch tiefer werden, tiefer auch durch das Miterleben von Freud und Leid. Denn durch diese Zauberschale wird die Ferne zur Nähe werden, und der Raum zwischen uns und fremden Ländern wird wie aufgehoben sein. Das Schicksal der anderen wird künftig mitten in unserer eigenen Stube stehen. Das Fernsehen kann so aus dem Entfernten unseren Nächsten machen. Wir sehen freilich mit Schrecken, daß unser Sinn gegen das Los unseres Nächsten immer abgestumpfter wird und unsere Herzen immer mehr versteppen. Worauf es deshalb im Fernsehen ankommt, ist das Getränk in dieser Schale, daß es ein Heiltrunk wird, der die gute Seite, die doch in jedes Menschen Herz nur auf den Weckruf wartet, stärkt. Das ist das Ziel, mit dem vor Augen wir an diese neue Arbeit gehen wollen, denn daß der Raum der Welt für unsere Augen immer enger wird, was nutzte das, wenn sich der Raum unseres Herzens nicht dabei weitete.«

Ich habe erst ziemlich spät Zugang zum Fernsehen bekommen. Das Fernsehen war ja in den ersten Jahren noch nicht in vielen Haushalten verbreitet. Trotzdem wirkten sich seine Programme auf die Arbeit der Volkshochschulen aus. Wenn ein Fußballspiel, der Karneval oder ein spannender Film übertragen wurde, konnte man an kleinen Orten keine Vortragsabende durchführen. Einer unter uns hatte die Zeichen der Zeit erkannt: Bert Donnepp. Er war Leiter des Bildungszentrums in Marl, hatte 1955 das erste Volkhochschulhaus in Deutschland eingeweiht, hatte seine Arbeit von Anfang an mit den Massenmedien in Print und Elektronik verbunden. Er war selbst Zeitungswissenschaftler und fungierte unter uns als der »Erfinder«. So erfand er den Fernsehpreis des Deutschen Volkhochschulverbandes. 1961 schlug er mir die Stiftung eines solchen Preises ohne Preisgeld vor und begründete seine Idee einer notwendigen Kooperation zwischen Fernsehen und Volkshochschule.

Ich war damals Vorsitzender des Pädagogischen Ausschusses im Deutschen Volkshochschulverband, nahm seinen Vorschlag auf und half ihn in der Mitgliederversammlung 1961 durchzusetzen. Die Sendungen des Jahres 1963 sollten für den Preis von den Anstalten und dem TV-Publikum, besonders auch von den Volkshochschulen, genannt werden. Im August 1963 starb Adolf Grimme. Für uns war das der Anlaß, dem Preis in Würdigung seiner Leistung als Bildungs- und Rundfunkpolitiker seinen Namen zu geben. Ich war inzwischen Vorsitzender des Deutschen Volkshochschulverbandes und wurde von Bert Donnepp voll in die Entwicklung des Preises eingespannt. Die Sitzungen der Jurys, damals eine allgemeine Jury und eine Pressejury, fanden in Marl statt. Bert Donnepp stellte die »Insel«, das Haus von Volkshochschule und öffentlichen Bücherhallen, mit allen Mitarbeitern voll in den Dienst des Preises. Der WDR stellte die Technik zur Verfügung, die Stadt Marl sorgte für die finanzielle Grundaustattung, denn der Preis ist ja bis heute eine unbezahlbare Werbung für die Stadt Marl. Ich wurde Vorsitzender der Jury, übrigens über 15 Jahre lang. Ende Januar 1964 fand die erste Preisverleihung statt. Der erste Versuch war geglückt. Ein Prozeß einer permanenten Preisvergabe war eingeleitet, zugleich ein Dialog zwischen Volkshochschule und Fernsehen.

Nach zehn Jahren schrieb ich in einem Buch über den Adolf-Grimme-Preis: »Wenn man die Entwicklung dieses Preises dokumentiert, wird deutlich, wie sehr die Preisverleihung nur äußerer Anlaß ist, sich mit einer Wechselbeziehung zu beschäftigen, die permanent erfolgt: dem Gespräch zwischen dem Fernsehen und den Volkshochschulen. Und da Institutionen nicht miteinander sprechen konnten, sondern nur den Gesprächsrahmen bilden, stehen sich Macher, Ideenerfinder und kritische Interpreten, Kritiker und Abnehmer gegenüber.« Es ist schade, daß man das Motto des Adolf-Grimme-Preises, the floor is open, nicht ebensogut auf deutsch ausdrücken kann. Am Anfang standen sich bei diesem Gespräch die beiden einander Unbekannten gegenüber. Das Fernsehen war neu, als der Preis gestiftet wurde, denn im Jahre 1961 war der ARD-Vertrag zwei Jahre alt, und erst mit ihm brach das Fernsehen in unser Leben ein. Für Produzenten und Adressaten gleichermaßen. Was Wunder, daß die Volkhochschulen aus unterschiedlichen Gründen verschreckt waren. Einige übriggebliebene Kulturkritiker witterten zivilisatorischen Unrat, geistig-seelische Umweltverschmutzung durch die Mattscheibe, »Entseelung« und »Entbildung« waren ihre Formeln. Andere, mehr Pragmatiker, witterten leere Vortragssäle. Sie mußten sich erst daran gewöhnen, daß die Bürger in der Tat keine Veranlassung haben, sich mit dem Indien des Herrn Meier,

Müller oder Schulze zu beschäftigen, wenn es ihnen durch das Fernsehen authentischer, vielfältiger, für ihr Leben aufschlußreicher präsentiert wird. Wieder andere hatten lediglich Mühe, dieses neue Kommunikationsinstrument mit seinen Auswirkungen in ihr eigenes pädagogisches Konzept einzubeziehen. Sie waren eher suchend und abwartend als dagegen. Aber es war ja ein Gespräch zwischen zwei einander Unbekannten. Auch das Fernsehen, seine Verantwortlichen, seine Macher kannten die Volkshochschulen nicht. Dies belegen besonders drastisch die in den ersten Wettbewerben in Marl immer wieder auftauchenden Versuche, Volkshochschularbeit im Fernsehen darzustellen. Gut, daß es in Marl nie einen Negativpreis gab. Er wäre in den ersten Jahren regelmäßig für Filme über die Volkhochschulen vergeben worden. Aber die einander Unbekannten redeten miteinander. Der Adolf-Grimme-Preis war Anlaß und Gesprächsrahmen dazu, und deshalb ist die Geschichte dieses Preises ein Stück Bildungs- und Fernsehgeschichte gleichermaßen.

1973 schlug Bert Donnepp vor, den Adolf-Grimme-Preis zu institutionalisieren, und wir gründeten in Marl das Adolf-Grimme-Insitut als zweites Institut des Deutschen Volkshochschulverbandes neben der Pädagogischen Arbeitsstelle in Frankfurt am Main. Peter von Ruehden wurde erster Leiter und begann buchstäblich auf der grünen Wiese, die gab es damals noch in Marl, mit wenigen Mitarbeitern. Heute arbeitet das Adolf-Grimme-Institut als das größte und wichtigste Medieninstitut für Erwachsenenbildung in der »Insel« in Marl,. Nicht nur der Adolf-Grimme-Preis wird hier organisiert und inzwischen mit vier Jurys und meheren Vorauswahlkommissionen vergeben. Das Institut erarbeitet zahlreiche Projekte, von Beiträgen zur Zeitgeschichte in Fernsehen und Video bis zu Sendereihen für den Unruhestand.

Die alljährliche Preisverleihung, und früher auch die Auswertung der Diskussion für die Preisfindung, gibt viele Gelegenheiten zum Dialog mit dem Fernsehen, das heißt mit den wichtigsten Gestaltern der Fernseharbeit. Ich erinnere mich an viele intensive, manchmal auch kontroverse Gespräche mit Klaus von Bismarck, Karl Holzamer, Werner Höfer, Dieter Stolte, Anna-Luise Heygster, aber auch Marlene Linke, Gerd Ruge, Hoimar von Ditfurth und unzähligen anderen.

Was sind meine Erkenntnisse aus meiner Arbeit mit den Medien? Ich habe ein sehr intensives Verhältnis im Umgang mit Medien, das bedeutet, ich bin ein leidenschaftlicher Zeitungsleser, aber seit ich das Fernsehen entdeckt habe, sehe ich die Nachrichtensendungen regelmäßig, die meisten politisch-gesellschaftlichen Magazine, viele Fernsehspiele und auch manchen Krimi. Aber ich bin ja nicht nur Verbraucher von Medienangeboten, was ich fachlich zu sagen habe, habe ich in sechs Büchern und unzähligen Zeitschriftenbeiträgen zu vermitteln versucht. Immerhin war ich mehr als dreißig Jahre zunächst Mitherausgeber und später Mitglied der Redaktion von »Volkshochschule im Westen«, später »Volkshochschule«, der verbindenden Zeitschrift der deutschen Volkshochschulen. Aber auch in Zeitungen habe ich gern geschrieben. Im Deutschen Allgemeinen Sonntagsblatt z.B., und viele Jahre hatte ich auf Seite drei der Rendsburger Landeszeitung – auch noch als ich längst in Hamburg wohnte – eine Kolumne am Samstag.

Auch in meiner verbandspolitischen Tätigkeit setzte ich die Publizistik manchmal polemisch ein. So setzte ich mich Anfang 1968 mit den öffentlichen Förderungsansprüchen der anderen Träger der Erwachsenenbildung mit einem Artikel in »Volkshochschule im Westen« auseinander, und 1971 verteidigte ich die gesellschaftliche, politische Position der Volkhochschule unter der Fragestellung »Steht die Volkshochschule links?«. Am Schluß des Beitrags heißt es: »Das ist die Rückkehr zum Konzept der kritischen Aufklärung, die immer verbunden war mit Toleranz. Historisch gesehen sind ja Aufklärung und Toleranz geradezu synonym. Aber Toleranz ist auch ein Prozeß, ist etwas Aktives. Toleranz heißt nicht nur blindes Dulden, sondern auch entschiedenes Eintreten, heißt, wenn notwendig, in Grenzen verweisen. Toleranz wird heute in zwei Bereichen mißachtet: bei den Extremisten jeder Schattierung und in der »Provinz«. Provinz ist hier kein räumlicher Begriff, Provinz kann in der Großstadt sein, es ist das Wort für die Bereitschaft, bestehende Verhältnisse als unabdingbar anzunehmen und alle zu verketzern, die solche Verhältnisse verändern helfen wollen, insbesondere durch Kritik. Deshalb ist die Volkshochschule ebensowenig der Platz für Extremisten wie für Angepaßte. Wenn die Volkshochschule ihren kritisch-emanzipatorischen Auftrag erfüllen will, wird sie sich nach innen und außen zu wehren haben.

Nach innen gegenüber denen, die sie von ihrer grundgesetzlichen Basis wegziehen wollen in eine linke oder auch rechte Ecke, auch gegen die verbalen Nebelwerfer, die in unreflektiertem Soziologismus und unübertroffener Unduldsamkeit das Gegenteil von Aufklärung leisten. Nach außen werden sie sich zu wehren haben gegen diejenigen, die sie aus intoleranter Provinzialität verdächtigen, naiv zuzusehen, wie unser Staat gefährdet würde. Volkshochschulen sind, recht verstanden, Stätten liberaler Urbanität. Hier verbinden sich kritische Aufklärung mit Toleranz und entschiedenem Engagement gleichermaßen. Solche Urbanität ist bestes abendländisches Erbe, und wenn das links ist, dann sind viele Volkshochschulen allerdings links, und ihre Mitarbeiter werden diese Position zu verteidigen haben.«

Die mögliche Leistungsfähigkeit und gelegentliche Qualität des deutschen Fernsehens lernte ich in meiner Arbeit für den Adolf-Grimme-Preis kennen. Seitdem bin ich ein energischer Verfechter des öffentlich-rechtlichen Systems. Wer die amerikanische Fernsehwirklichkeit kennt, kann die Einführung und gesetzliche Sicherung des privaten, kommerziellen Fernsehens nur für die größte medienpolitische Fehlentscheidung der Nachkriegszeit halten. Hier haben ausschließlich private ökonomische Interessen die politische Entscheidung bestimmt. Ich denke, die Abgeordneten sind allein dem Wohl des Volkes und nicht dem Gewinn von Herrn Kirch und Genossen verantwortlich. Andererseits habe ich im Bildungsfernsehen auch die Grenzen des Fernsehens erkannt. Das Fernsehen kann natürlich Information und auch Bildungsinhalte vermitteln, es kann aber weder begründetes Lernen noch Bildung bewirken. Hierzu bedarf es der Kommunikation der Menschen untereinander, der personalen Kommunikation. Ich halte personale Kommunikation für so wichtig wie atmen, schlafen und essen. Immer mehr Anlässe geplanter oder zufälliger personaler Kommunikation in der Gesellschaft werden durch Elektronik ersetzt. Ich vermisse auch in den Volkshochschulen das Anmeldegespräch, den persönlichen Umgang mit dem Kursteilnehmer. Ich trete mit Entschiedenheit für die Arbeit der Institutionen ein, die personale Kommunikation noch als Prinzip erhalten: Kirchen, Volkshochschulen, Akademien; denn mein Lebensmotto für diesen Bereich steht in Kants Essay von 1781 »Beantwortung der Frage 'Was heißt Aufklärung?'« und heißt: »Zu dieser Aufklärung aber wird nichts erfordert

als Freiheit, und zwar die unschädlichste unter allem, was noch
Freiheit heißen mag, nämlich die, von seiner Vernunft in allen Stücken
öffentlichen Gebrauch zu machen.«

Organisationen und Verbände

Schon bei meinen frühen Versuchen in der Erwachsenenbildung traf ich auf Kulturorganisationen und Verbände. Max Wittmaack, der Leiter der Volkshochschule in Kiel, war ein leidenschaftlicher Verbandsgründer und genialer Organisationsleiter. So hatte er schon in seiner Zeit als Kulturstadtrat in Kiel den »Kieler Kulturring« gegründet und die Volksbühne wieder ins Leben gerufen. Sein Lieblingskind wurde dann der von ihm gegründete Landeskulturverband. Die Geschäftsführung dieser Organisation, in der alle Verbände zusammengeschlossen waren, verlegte er ins Büro der Kieler Volkshochschule. Schon bevor auch ich in diesem Büro meinen Arbeitsplatz hatte, wirkte ich mittelbar oder unmittelbar in diesen Organisationen mit. Der Kieler Kulturring organisierte und veranstaltete die erste Aufführung meiner Laienspielgruppe, und der Landeskulturverband entwickelte sich besonders von 1950 an. Auch bei seinen Jahrestagungen trat meist die Laienspielgruppe auf. Der Verband war nach dem Prinzip von Fachklassen in den großen Kunstakademien in Fachgruppen gegliedert. Die Maler wurden durch Friedrich Karl Gotsch vertreten, der auch der erste Präsident des Verbandes war, aber auch durch Willi Knoop und Hans Heinemann, der übrigens viel später als erfolgreicher Unternehmer viele Jahre Präsident des Landeskulturverbandes war, durch Schriftsteller wie Christian Jenssen vom Eutiner Dichterkreis und Graf Finkenstein; die Musiker durch Theodor Warner. Sie alle kamen viel in unser Büro, und Max Witmaack zog mich schon früh oft zu den Gesprächen hinzu. Ich war kurze Zeit später auch für viele Jahre im Vorstand und zeitweilig im Präsidium des Verbandes tätig.

Meine erste Beziehung zum Landesverband der Volkshochschulen entstand auch durch die Laienspielgruppe. 1949 traten wir im Rahmen seiner Jahrestagung in Büsum auf. Otto Monsheimer, der Leiter der Volkshochschule Lübeck, war Vorsitzender des 1947 in Rendsburg gegründeten Verbandes. Max Wittmaack war im Vorstand.

Der Verband hatte die unterschiedlichsten Volkshochschulen zu organisieren. Nur Kiel und Lübeck wurden in dieser Anfangszeit hauptamtlich geleitet. Es gab zu Anfang nur die Heimvolkshochschule Rendsburg, dann wurden die Heimvolkshochschulen Leck und Lunden wiedereröffnet. Daneben gab es unzählige kleine selbständige Volkshochschulen in Kleinstädten und auf Dörfern. Das war eine Veränderung gegenüber der Volkshochschulstruktur der zwanziger Jahre in Schleswig-Holstein. Viele dieser neuen, kleinen Einrichtungen waren von vertriebenen Lehrern gegründet worden und wurden von ihnen ehrenamtlich geleitet. So war es eine der Hauptaufgaben des Landesverbandes, durch Fachtagungen auf eine gewisse Einheitlichkeit der Arbeit bei aller Mannigfaltigkeit hinzuwirken. Ab 1952 erfolgte das sehr konsequent durchgeführte Dozentenseminar in der Akademie Sankelmark und in der Heimvolkshochschule Rendsburg. 1954 wurde eine pädagogische Arbeitsstelle gegründet, die ab 1955, also mit meinem Dienstantritt in Rendsburg, ihren Sitz in der Heimvolkshochschule hatte und eng mit der 1952 schon gegründeten Bücherkundlichen Arbeits- und Auskunftsstelle in Rendsburg zusammenarbeitete.

Ich war seit 1953 Mitglied im Vorstand, aber schon seit 1950 als pädagogischer Referent für den Verband tätig. 1954 wurde der Verband unter dem Vorsitz von Nico Christiansen nach Fachaufgaben neu gegliedert. Solche Aufgaben waren Pädagogik, Film und Presse, ländliche Erwachsenenbildung, Heimvolkshochschulen, Zusammenarbeit mit Organisationen und kommunalpolitische Zusammenarbeit. 1973 beschrieb ich aus Anlaß des 25jährigen Bestehens des Landesverbandes der Volkshochschulen Schleswig-Holsteins in einem Artikel »Mutmaßungen über Weiterbildung in Schleswig-Holstein« meine Eindrücke aus dieser Zeit: Hintergrund der Erwachsenenbildung vor 25 Jahren war einerseits ein Kontrallratsbefehl, überall Volkshochschulen einzurichten, andererseits das Bedürfnis vieler Menschen nach geistiger Orientierung und praktischer Lebenshilfe. Die Wirklichkeit war: kalte Räume, Ausweglosigkeit nach einem totalen Zusammenbruch, der dem totalen Krieg gefolgt war, drei Jahre nach dem

Kriegesende noch immer hungernde Menschen und ein paar Männer und Frauen, die noch etwas durch Diktatur und Krieg herübergerettet hatten, das sie selbst als »Volksbildungsbewegung« bezeichneten. Wenn einer von ihnen, Axel Henningsen, scheinbar vordergründig meinte,»Hauptsache, daß etwas geschieht«, dann hatte das die sehr viel tiefergehende Bedeutung, Hauptsache, daß die Menschen wieder in Bewegung kamen, daß sie vieles, das ihnen vorenthalten war, kennenlernten und sie zueinander fanden. Er stand im Mittelpunkt jener Menschen der ersten Stunde, war unverdrossen, freundlich, ein Lehrer, der sich über jeden noch so kleinen Fortschritt seiner Klasse freuen konnte. Vor allem trug er auch gegenüber den Forderungen der Militärregierung die Verantwortung, denn er war Referent für Erwachsenenbildung in Schleswig-Holstein.

Dann war da Otto Monsheimer, Frankfurter aus Lübeck, großzügig, ausgleichend, gleichermaßen der Mann der Berufsbildung und der schönen Künste. Am liebsten sprach er über Goethe, und mit A. Paul Weber, dem entlarvenden Satiriker des Zeichenstifts, war er eng befreundet.

Weiterhin gab es die Dithmarscher Hermann Matzen aus Heide und Nico Christiansen aus Büsum, durch die zum ersten Mal auch das flache Land und die kleinen Städte in der Volkshochschulbewegung vertreten waren.

Dann war da Max Wittmaack aus Kiel, der politisch härter war. Er hatte vor 1933 exponiert im politischen Kampf gestanden, brachte die Erfahrungen des Widerstandes ein, die Tradition der Arbeiterbildung und trotz deutlicher Akzentuierung des eigenen Standpunktes aus Erfahrung und Engagement viel Toleranz und Kooperationsbereitschaft, auch mit dem, der politisch woanders stand als er.

Ausgeprägte Harmonisierungsbestrebungen gab es bei Adolf Steckel, der liberale, liebenswert verbindende, unermüdliche Gründer von Kooperationsgruppen, auch in Enttäuschungen nie entmutigt.

Und schließlich gab es Fritz Laack. Er hatte, gerufen von ehemaligen Schülern, die Leitung der Heimvolkshochschule Rendsburg wieder übernommen. Er stand am deutlichsten von allen in der Tradition der Volksbildung der zwanziger Jahre, zuletzt als Geschäftsführer der Deutschen Schule für Volksforschung und Erwachsenenbildung in Berlin. Wegen deutlicher und mutiger Artikel in den letzten Nummern der Freien Volksbildung nach der Machtübernahme der Nazis mußte er zeitweilig außer Landes gehen. Die neuen Machthaber unterbrachen jäh seine Lebensaufgabe in der Erwachsenenbildung. Unter den Leuten der ersten Stunde war er mit fünzig Jahren noch einer der jüngeren.

Um diesen Kreis der Volkshochschule herum gab es die Vertreter der Gruppen, die sich in einer Art Wechselwirkung mit der neu aufgebauten Erwachsenenbildung etwas für den Führungsnachwuchs der von ihnen repräsentierten Gruppen erwarteten, andererseits durch ihr Engagement erst gruppenübergreifende Erwachsenenbildung ermöglichten: Otto Clausen, Hauptgeschäftsführer des Bauernverbandes, der für eine Neubelebung der Heimvolkshochschulen sorgte und sie viele Jahre sorgsam von unangemessenem Verbandseinfluß freihielt; Bruno Verdieck, Motor des Bildungsgedankens im Deutschen Gewerkschaftsbund; Franz Stolze, umsichtiger Förderer einer verbandsunabhängigen Erwachsenenbildung als Verbandsleiter der DAG. Dann waren da die unzähligen Lehrer, Bürgermeister, Amtmänner und Landräte und die anderen Helfer, Ärzte, Anwälte und Landwirte, von denen viele vertrieben waren und die es nach Schleswig-Holstein verschlagen hatte. Hauptsache, daß etwas geschieht, sagte Axel Henningsen, und er wußte, daß er in der Militärregierung auf viel Verständnis stieß. Die unvergessene Mary Grutter sorgte dafür, daß das, was da geschah, in Freiheit und Eigenverantwortung als Voraussetzung für eine demokratische Entwicklung der Gesellschaft in diesem Lande geschehen konnte.

So begann zwischen 1945 und 1948 in Deutschland die Volkshochschularbeit neu, und es mag auch in den anderen Ländern ähnlich gegangen sein, von der besonderen Herkunft und Eigenart der Personen unterschiedlich akzentuiert, manchmal auch durch alte Rivalitäten oder aktuelles Unverständnis gehemmt. So bildeten sich Verbände in den Ländern, Zusammenschlüsse von Besatzungszonen, Verbindungen auch über die Zonengrenzen hinweg. Noch gab es nicht den Eisernen Vorhang.

Für Schleswig-Holstein wurde die Besonderheit der Volkshochschulentwicklung durch den Einfluß der skandinavischen, vor allem der dänischen Tradition geprägt. Das hatte zweierlei zur Folge: die frühe Wiedereröffnung der Heimvolkshochschulen, die schon in den zwanziger Jahren in der Volksbildung Schleswig-Holsteins einen besonderen Akzent gesetzt hatten, und die unbestrittene Selbstverständlichkeit, mit denen die Volkshochschulen als öffentliche Einrichtung in das Zentrum der schleswig-holsteinischen Erwachsenenbildung rückten. Etwas Neues kam hinzu. Fritz Blättner öffnete die Universität, zumindest das von ihm geleitete pädagogische Institut für Erwachsenenbildung, auch das hatte in Schleswig-Holstein Tradition. Ich selbst wechselte 1967 nach Hamburg, ohne je die Verbindung zum Landesverband Schleswig-Holstein und überhaupt zum Lande zu verlieren. Das intensivste und breiteste Wirkungsfeld in einer Organisation fand ich im Deutschen Volkshochschulverband. 1949 hatten die damals bestehenden Landesverbände der Volkshochschulen eine Arbeitsgemeinschaft gegründet, die schon einige Fachtagungen durchgeführt hatte und 1951 sogar einen deutschen Volkshochschultag in Königstein im Taunus und in Frankfurt am Main organisierte. 1952 wurden von dieser Arbeitsgemeinschaft Ausschüsse gebildet, besonders ein pädagogischer Ausschuß, in dem ich von Anfang an für Schleswig-Holstein mitarbeitete. 1953 wurde dann die Gründung eines deutschen Volkshochschulverbandes vorbereitet. Dem diente eine Grundsatztagung im Mai 1953 im Volkshochschulheim in Inzighofen, um das Trennende und das Gemeinsame zwischen den Landesverbänden herauszuarbeiten. Ich erinnere mich noch gut an das Referat Josef Rudolfs mit dem Titel »Die Einheit der Volkshochschule in der Mannigfaltigkeit ihrer Erscheinungsformen«. Am 17. Juni 1953 wurde dann in Berlin der Verband gegründet. An jenem 17. Juni, an dem die Arbeiter in Berlin und anderen Städten der DDR protestierend auf die Straße gingen. Obgleich die Delegierten mit ihrer Sitzung im Schöneberger Rathaus sehr beschäftigt waren, bestimmte doch das Geschehen draußen, über das der Vertreter des Berliner Senats, Heinrich Albertz, regelmäßig berichtete, auch die Verhandlungen.

Ich gehörte nicht zur schleswig-holsteinischen Delegation, sondern war als Herausgeber und Redakteur der Schleswig-holsteinischen Blätter für Erwachsenenbildung Beobachter. Noch am Mittag des 17. Juni nahm mich Ronnie Wilson gemeinsam mit Helmut Dolff in seinem Wagen nach Ostberlin mit. Wir konnten dort die Erregung der Massen unmittelbar miterleben.

Nach der Gründung des Verbandes wurde Theodor Bäuerle zum

Präsidenten und Josef Rudolf zum geschäftsführenden Vorsitzenden gewählt. Walter Ebbighausen wurde Geschäftsführer. Die Doppelspitze Präsident und geschäftsführender Vorsitzender war hier an die Struktur des Grundgesetzes angelehnt. Ich schrieb 1986 über das Präsidentenamt folgendes: »Das Amt des Präsidenten des Deutschen Volkshochschulverbandes ist in der Satzung inhaltlich nicht definiert. Kein Wunder, daß zu Zeiten von Satzungsänderungen die Notwendigkeit seines Bestandes immer wieder diskutiert wird, daß es zu Wahlzeiten ins politische Kalkül gerät.«

In der Tat ist es für den Außenstehenden schwierig zu erkennen, was die doppelte Führungsspitze, Präsident und geschäftsführender Vorsitzender, für den Verband bedeutet. Und doch hat sich diese Konstellation bewährt und dem Verband vielfältige Ausdrucksformen und differenzierte Aktionen ermöglicht. Das lag nicht zuletzt an den drei Persönlichkeiten, die dieses Amt bisher geprägt und eine Tradition begründet haben, die manches an diesem Verband und seiner Repräsentation unverwechselbar macht. Ich habe mit allen dreien zusammengearbeitet, mit Theodor Bäuerle, damals war ich einer der jüngsten in Gremien des Verbandes, mit Hellmut Becker und Dieter Sauberzweig, zu dessen Zeiten ich geschäftsführender Vorsitzender war. Ich habe die Bedeutung der Doppelspitze erlebt und vor allem das jeweils Besondere der Impulse, die die Präsidenten gaben. Alle drei Präsidenten trugen besondere Verantwortung nicht nur für den Verband, sondern für die deutschen Volkshochschulen insgesamt. Sie taten das auf je unverwechselbare Weise. Für alle aber waren drei Elemente bestimmend. Sie verkörperten in besonderer Weise das Verbindende, das Verbindende zwischen den Arbeitsbereichen der Volkshochschule, das Verbindende zwischen den Einrichtungen und Aktivitäten der Erwachsenenbildung in Deutschland und der Welt, die Verbindung zu Staat, Kommunen, Parteien und gesellschaftlichen Gruppen und Verbänden, das Verbindende der Mitarbeiter in der Erwachsenenbildung. Sie bewirkten Solidarität, auch durch kritische Herausforderung.

Alle führten ihr Amt bei unterschiedlichen eigenen Bindungen parteipolitisch unabhängig, auch bei wechselnden politischen Konstellationen im Vorstand und in den Landesverbänden. Alle drei waren und sind in ihrer Amtszeit Verkörperung der Verantwortung und des Gewissens der Volkshochschularbeit. Sie sind für die Volkshochschulen ein Stück ihrer politischen Kultur.

Ich wirkte von Anfang an im Pädagogischen Ausschuß des Verbandes mit und wurde 1955 sein Vorsitzender. Ich stellte allerdings bei der nächsten Wahl mein Amt als Vorsitzender zur Verfügung, weil die Anfangsarbeit in Rendsburg mich zu sehr beanspruchte. 1961 wurde ich dann wieder zum Vorsitzenden des Ausschusses gewählt und 1963 zum geschäftsführenden Vorsitzenden. Dieses Amt hatte ich bis 1979 inne. Seitdem bin ich einstimmig gewählter Ehrenvorsitzender des Verbandes.

Aus Anlaß des 40jährigen Bestehens des Verbandes wurden die bisherigen noch lebenden Vorsitzenden zu den Erfahrungen ihrer Amtszeit mit drei Fragen konfrontiert. Ich antwortete unter dem Stichwort *Welche bildungspolitischen Entwicklungen prägten ihre Amtsperiode?*:

»Die Zeit zwischen 1963 und 1979 war gewiß die politisch, vor allem aber bildungspolitisch spannendste Zeit der Bundesrepublik. 1964 erschien Georg Pichts Artikelserie über die deutsche Bildungskatastrophe in der konservativen Wochenzeitung Christ und Welt. Der damalige Bundeskanzler Erhardt, der ja auf die formierte Gesellschaft schwor, als wir die informierte Gesellschaft forderten, und der gewisse Schriftsteller ungestraft als Pinscher bezeichnete, horchte auf. 1965 wurde der Deutsche Bildungsrat berufen. Er löste den verdienstvollen, aber folgenlosen Deutschen Ausschuß für das Erziehungs- und Bildungswesens ab. Mit der großen Koalition Kiesinger–Brandt begann die Tätigkeit der Außerparlamentarischen Opposition (APO), die 1967/68 in die Studentenbewegung einmündete und vor allem im Bildungsbereich Auswirkungen hatte. Mit dem Bundespräsidenten Heinemann und der ab 1969 regierenden sozial-liberalen Koalition begann die einzige Reformperiode der deutschen Nachkriegszeit. Sie währte bis 1976. Schon im zweiten Kabinett Schmidt sprang sie in funktionalen Pragmatismus um, 1982 wurde daraus besonders im Bildungsbereich erneut eine Entwicklung der Restauration.

Das wichtigste Ergebnis der Bildungspolitik zwischen 1965 und 1975 sind gewiß die Empfehlungen des Deutschen Bildungsrates. Der Deutsche Bildungsrat unterschied sich in seiner Zusammensetzung vom Deutschen Ausschuß durch sein Zwei-Kammer-System. An seinen Empfehlungen arbeiteten nicht nur Experten, sondern auch Politiker und Fachbeamte im Bund und in den Ländern. Manche Ergebnisse sind daher, jedenfalls bis 1975, auch in die Praxis eingedrungen und umgesetzt. Die wichtigste Empfehlung, vor allem für die Erwachsenenbildung, war der Strukturplan von 1970. Der Deutsche Ausschuß hatte sein theoretisch wohl wichtigstes Gutachten 1960 auf die Erwachsenenbildung bezogen. Er ging dabei von dem Vorfindlichen aus und lieferte hierfür die Theorie, ohne neue Strukturen zu initiieren. Ganz anders der Deutsche Bildungsrat. Er gliedert das Bildungswesen neu und beschrieb die besondere Aufgabe der Weiterbildung als Fortbildung, Umschulung und Erwachsenenbildung. Die Auswirkungen auf die Volkshochschulen und andere Einrichtungen der Erwachsenenbildung waren enorm. Sie mündeten allerdings in den verhängnisvollen Trend zur Überbetonung des Beruflichen und zur Qualifizierung, und zu privaten und kommerziellen Einrichtungen der Erwachsenenbildung in den 80er Jahren.«

Welche Entwicklungen des Verbandes waren in Ihrer Amtszeit wichtig?:

»Der Deutsche Volkshochschulverband hatte auf die Entwicklungen zu reagieren. Er konnte das nur in einem reibungslosen Zusammenwirken der Präsidenten mit dem Vorstand und dem Verbandsdirektor. Das gelang in meiner Amtszeit uneingeschränkt. Ich behaupte, es konnte nur bei der Zusammensetzung des Vorstandes (sieben Mitglieder) in dieser Zeit gelingen. Ich habe nach wie vor ernsthafte Bedenken gegen die gegenwärtige Vorstandsstruktur. Die beiden Präsidenten meiner Amtszeit haben den Verband nicht nur repräsentativ vertreten. Hellmut Becker wurde nach Gründung des Max-Planck-Instituts für Bildungsforschung zum wichtigsten Berater der Bildungspolitik der Bundesregierung, Dieter Sauberzweig hat sowohl in seiner Funktion im Deutschen Städtetag wie auch als Kultursenator in Berlin die enge Verbindung der Kommunen mit den Volkshochschulen entscheidend gefördert. Die Institute des Deutschen Volksschulverbandes, die 'Pädagogische Arbeitsstelle', ab 1973 das Adolf-Grimme-Institut und die Fachstelle für internationale Zusammenarbeit waren dafür wichtige Vermittler. In meine Amtszeit fallen drei Volkshochschultage, 1966, 1971 und 1976. Sie werden hier deshalb erwähnt, weil sich an ihrer Thematik und Durchführung die Entwicklung besonders gut ablesen läßt. Schon den Volkshochschultag 1961 hatte ich als Vorsitzender des Pädagogischen Ausschusses mit vorbereitet und moderiert. Er war der letzte Volkshochschultag im alten Stil. Prominente Redner, zwar moderne, doch immerhin idealistisch orientierte Themen, die meisten Teilnehmer waren nebenamtliche Mitarbeiter der Volkshochschulen.

1966 ein neuer Ton, weltweite Erwachsenenbildung war das Thema, aber noch keine grundsätzliche Veränderung. Der Deutsche Volkshochschulverband zog die Konsequenz aus seinem vielbeachteten internationalen Engagement. Der Verband hatte Aufträge zur Ausbildung von Erwachsenenbildnern in Afrika und einigen lateinamerikanischen Ländern übernommen und war auf der internationalen Bühne tätig geworden, auf den Unesco-Konferenzen im Europäischen Büro für Erwachsenenbildung im Europarat. Dieses führte auch nach innen zu beachtlicher Reputation bei Bund und Ländern. Das Neue kam auf den Kölner Volkshochschultagen 1971 und 1976. Hier zeigte sich die Veränderung der Teilnehmerstruktur. 1976 waren die meisten Teilnehmer hauptberuflich in den Volkshochschulen tätig. Auch die 68er-Bewegung schwang nach. Vor allem 1971 wurde trotz weitgehend offenem Programm auch demonstriert. Man merkt, Volkshochschulen reklamierten ihren Anspruch auf Fortschritt und Aufklärung. Einige Teilnehmer hatten auch die Dialektik der Aufklärung erkannt. Drei umfassende Äußerungen des Verbandes zur Stellung und Aufgabe der Volkshochschulen wurden in meiner Amtszeit publiziert. Die wichtigste war die von 1966. Sie kennzeichnet die Aufgabe der Volkshochschule als Hilfe für das Lernen, Hilfe für Orientierung und Urteilsbildung und Hilfe für Eigentätigkeit. Die allgemeine bildungspolitische Entwicklung und die Aktivitäten des Deutschen Volkshochschulverbandes führten zu bemerkenswerten Gesetzen in Niedersachsen, Hessen und Nordrhein-Westfalen. Auch die kommunale Gemeinschaftsstelle für Verwaltungsvereinfachung (KGSt) veröffentlichte ein Gutachten, das wesentlich von Volker Otto inhaltlich begleitet war. 1961 stiftete die Mitgliederversammlung des Deutschen Volkshochschulverbandes den Fernsehpreis des DVV, 1964 wurde er als Adolf-Grimme-Preis zum erstenmal verliehen.«

Welche Entwicklungen der Volkshochschulen prägten Ihre Amtszeit?:
»Die Entwicklung der Bildungspolitik und die Aktivitäten des Ver-

bandes führten zu fundamentalen Veränderungen in den deutschen Volkshochschulen. Mitte der 70er Jahre konnte man eine Volkshochschulgeschäftsstelle in den Anmeldezeiten durch die Menschenschlangen im Stadtbild erkennen. Die Teilnehmerzahlen vervielfachten sich an manchen Orten. Die wichtigste Entwicklung aber war die Tendenz zur Professionalisierung. Seit Beginn meiner Amtszeit hatte ich für mehr disponierendes Personal plädiert unter der Devise, eine verantwortliche Tätigkeit nebenamtlicher Mitarbeiter ist nur unter Anleitung dafür ausgebildeter hauptamtlicher Mitarbeiter möglich. Inzwischen sind zum disponierenden Personal auch Erwachsenenlehrer und -lehrerinnen für bestimmte Aufgaben dazugekommen. Erst durch Professionalisierung wurden Lernzielorientierung und in der Folge die Arbeit auf Zertifikate hin möglich. Die Volkshochschulen entwickelten sich vom Agenturprinzip zur gestaltenden Arbeit mit Systematik, Konzeption, Kontinuität und meßbarer Qualität. Neue Zielgruppen wurden erschlossen: Frauen, Senioren, Ausländer. Das aber setzte eigene Räume und Häuser voraus. Nie wurden so viele Volkshochschulhäuser eröffnet wie zwischen 1963 und 1979.«

Schon Mitte der 70er Jahre ging die Reformperiode zu Ende. Die Finanzminister in den Ländern und die Finanzdezernenten in den Kommunen diktierten wieder die Kulturhaushalte. Das wirkte sich auch auf die Volkshochschulen aus. Eine erfüllte Zeit also, nicht zuletzt mit zahlreichen Begegnungen. Vor allem zwischen Helmut Dolff und mir bildete sich eine enge, vertrauensvolle Zusammenarbeit und eine persönliche Freundschaft heraus. Sein früher Tod machte mich tief betroffen und führte den Verband in eine zeitweilige Krise.

1948 wurde die Arbeitsgemeinschaft Arbeit und Leben Niedersachsen in Celle gegründet. Das war neu. Ein festes Bündnis zwischen Gewerkschaften und Volkshochschulen, um eine Zersplitterung der Erwachsenenbildung, besonders eine Isolierung der Arbeiterbildung zu vermeiden. Die Arbeitsgemeinschaft sollte auch dazu dienen, die knappen öffentlichen Mittel gebündelt und konzentriert einzusetzen. Im Mittelpunkt der Arbeit sollte die politische Bildung stehen. Bald nach der Gründung in Celle fand eine erste Arbeitstagung in der Heimvolkshochschule Hustedt statt, zu der auch Vertreter der Nachbarländer eingeladen wurden. Max Wittmaack interessierte sich sehr für eine solche Gründung in Kiel und Schleswig-Holstein und nahm mich zu dieser Tagung mit. 1949 wurde auch in Kiel und Schleswig-Holstein eine Arbeitsgemeinschaft Arbeit und Leben aus Volkshochschule und DGB gegründet. Ich arbeitete darin von Anfang an bis zu meinem Wechsel 1967 nach Hamburg mit.

Das hinderte mich nicht, 1951 in die DAG einzutreten. Die drei Angestellten-Gewerkschaften der Weimarer Zeit, der Zentralverband der Angestellten (ZDA), die Gewerkschaft der Angestellten (GDA) und der Deutschnationale Handlungsgehilfenverband (DHV), hatten sich nicht der Einheitsgewerkschaft DGB angeschlossen, sondern sich zu einer Deutschen Angestelltengewerkschaft zusammengefunden. Das war nicht ohne Spannungen geschehen und blieb auch in der Zeit, als ich die Organisation kennenlernte, und in der Zukunft nicht ohne Spannung, denn in der Vergangenheit hatte der ZDA eindeutig der SPD nahegestanden, der GDA war weniger deutlich politisch geprägt, und die Mitglieder des DHV gehörten, wenn sie parteipolitisch gebunden waren, eher zur Deutschen Volkspartei oder wohl in der Mehrzahl gar zur Deutschnationalen Volkspartei. Hier waren aus der Weimarer Zeit nicht nur Rivalitäten, sondern politische Kämpfe aufzuarbeiten.

Der Landesverbandsleiter in Schleswig-Holstein, Franz Stoltze, kam aus dem ZDA. Er war ein gestandener Gewerkschaftsführer, aber ideologisch offen und tolerant. Er hatte die Nazizeit nach kurzer Verhaftung unter dem Schutz eines bekannten Kieler Unternehmers überstanden und leitete nun souverän den Landesverband, ohne daß die Vergangenheit den Verband belastete. Er hatte auch als Sozialdemokrat gute Beziehungen zu den CDU-Vertretern in Bundes- und Landesvorstand, und er imponierte mir durch seine bescheidene Menschlichkeit.

Die DGB-Vertreter hatte ich bisher starrer und formaler kennengelernt. Da ich mich gewerkschaftlich binden wollte, trat ich also in die DAG ein. Franz Stoltze bat mich, für die Funktion des Bildungsobmanns zu kandidieren. Ich tat das und wurde gewählt. Ich habe bei vielen gewerkschaftlichen Veranstaltungen im Lande Vorträge gehalten und Schulungen für Funktionäre in Bildungsfragen durchgeführt. Ich nahm auch an Tagungen auf Bundesebene teil und bekam bald Kontakte zum Bundesvorstand in Hamburg, besonders zu dem späteren Vorsitzenden Rolf Späthen. Mit meinem Diensteintritt in Rendsburg schied ich aus den gewerkschaftlichen Funktionen aus, blieb aber Mitglied. Ich hatte inzwischen viel über Mentalität und Soziologie der Angestellten gelesen und gelernt, und besonders das Wesen der Dienstleistungsgesellschaft wurde für mich zu einem wichtigen theoretischen Thema.

Als ich nach Hamburg wechselte und mein erstes Büro im Haus der DAG am Karl-Muck-Platz untergebracht war, wurde ich zunächst von dem Vorsitzenden häufig um Rat gebeten. Rolf Späthen wurde dann durch Intrigen in der Organisation gestürzt, und die Volkshochschulen in der Bundesrepublik wurden das spezielle Ziel der Kritk der Bildungsabteilung. Ich hatte als Vorsitzender des Deutschen Volkshochschulverbandes heftige bildungspolitische Auseinandersetzungen und trat natürlich aus der Organisation aus. Mein wichtigster Gegner, der vor allem den Sturz von Rolf Späthen betrieben hatte, wurde später Schulsenator in Hamburg. Da mein Arbeitsplatz im gleichen Hause lag, konnte ich einen gewissen Einblick in das fatale Intrigenspiel um Macht und Einfluß in der Gewerkschaft gewinnen. Das wurde für mich zu einer der wichtigsten Erfahrungen mit Großorganisationen allgemein, auch der Kirche, besonders in Organisationsstrukturen, die nicht durch festgelegte Rechtsordnungen und Laufbahnbeschreibungen bestimmt sind wie in Gewerkschaften und Parteien, aber auch in anderen Dienstleistungsgroßbetrieben.

Zur GEW bekam ich nie eine wirkliche Beziehung. Die Hamburger GEW war nicht mehr wie am Anfang des Jahrhunderts eine Gesellschaft der Freunde des vaterländischen Bildungs- und Erziehungswesens. Sie stand der Volkshochschule eher kritisch als hilfreich gegenüber und sah nur die Schullehrerschaft als ihre Klientel.

Für die Arbeitsgemeinschaft Arbeit und Leben war ich bis vor vier Jahren in Vorsitzpositionen tätig, solange ich in Schleswig-Holstein war, in diesem Bundesland und später im Bund, seit ich in Hamburg bin ex officio in der Hamburger Landesarbeitsgemeinschaft, und als Vorsitzender und Ehrenvorsitzender des DVV war ich Vorsitzender des Bundesarbeitskreises, heute dort Ehrenvorsitzender. In dieser Organisation habe ich gern gearbeitet. Es haben sich sehr vertrauensvolle, manchmal gar freundschaftliche Beziehungen zu Kollegen aus den Volkshochschulen und dem DGB entwickelt. Ich hatte in den Geschäftsführern immer loyale Zuarbeiter und konnte durch mein besonderes Interesse für die politische Bildung manches für diese Arbeit in der Arbeitsgemeinschaft Arbeit und Leben leisten.

Ich war in den beschriebenen Organisationen gerne Vorsitzender eines Ausschusses oder der Gesamtorganisation. Mir liegt es zu moderieren, und ich schätze governing by discussion. Ich muß nicht zu jedem Detail meine Meinung sagen, mir liegt mehr an der großen Linie. Aber die Diskussion muß zielgerichtet sein und nach fixierten und von allen anerkannten Regeln verlaufen. Der Vorsitzende muß jeweils eine Verhandlungsgrundlage und mögliche Zielalternativen vorgeben. Nur so kann ein Ergebnis erwartet werden. Das war meine Praxis als Vorsitzender durch viele Jahre hindurch.

Fremde Länder, fremde Freunde, fremde Erfahrungen

Wer anfängt zu philosophieren, lernt schnell, daß der Mensch in einer Ausschnittwelt oder einer Arbeitswelt lebt, daß aber sein Wesen als Mensch auf Welt gerichtet ist. Wenn er nun heraustritt aus seiner Ausschnittwelt, beginnt die neue Erfahrung, das Staunen, die Erschütterung. Er steht den Sternen gegenüber, aber dann ist er eigentlich erst Mensch. Meist beginnt er dann auch mit dem Versuch, die Welt zu entdecken, wird, wie Pascal sagt, ein homo viator, beginnt zu reisen, ohne anzukommen. Nur in diesem philosophischen Sinn sammelt der Mensch im Reisen Erfahrungen. Er erfährt die Welt. Man kann es natürlich auch machen wie jener Monteur, der auf dem Flug von Bogotá nach New York neben mir saß und erzählte, wo in der Welt er überall schon montiert habe. In Indien und Australien, in Ägypten und Ostafrika, in Kanada und Südamerika, und als ich ihn wegen all seiner Erlebnisse und Erfahrungen bewunderte und beneidete, meinte er trocken: »Wieso? Es ist überall in der Welt wie in Wanne-Eickel, nur ein bißchen wärmer.«

Reisen war für mich also immer Welterfahrung im doppelten Sinne, unmittelbar und philosophisch, und hat mein Leben wesentlich bestimmt. Wenn ich alle Erlebnisse und Erfahrungen schildern wollte, würde ein ziemlich umfangreiches Buch daraus werden. Ich beschränke mich also auf die für mich wichtigsten Stationen und auf wenige Erlebnisse, die zu Einsichten und Erfahrungen wurden. Mit meinen Eltern bin ich nie gereist. Das konnten wir uns finanziell nicht leisten, und ins Ausland war uns ohnehin der Weg versperrt. Aber schon meine Reisen im Zusammenhang mit der Kinderlandverschickung waren mehr als das Leben am anderen Ort. Die pommersche Ostseeküste, Danzig und Marienburg, Berlin, Dresden, Salzburg, Wien und die

Berchtesgadener und niederösterreichischen Berge schwingen bis heute nach.

Aber mein erster Auslandsaufenthalt war im Spätsommer 1947 in der Schweiz. Die schweizer Studentenschaft hatte Studenten deutscher Universitäten eingeladen, an ihrer Stelle Erntehilfe in der Schweiz zu leisten. Für Kieler Studenten waren 25 Plätze reserviert. Ich erfuhr davon, und nach mühevollen Verhandlungen um einen Auslandspaß und ein Visum fuhren wir in die Schweiz. Erste Station war Basel. Hier erhielten wir Marschpapiere, wie man beim Militär zu sagen pflegte, zu unserem Einsatzgebiet. Das war die Großgemeinde Ruswiel im Kanton Luzern. Mit einem Mitglied der Gruppe, Hans-Jürgen Kühl, war ich besonders eng befreundet. Wir setzten uns rasch ab und gelangten mit einigen Tricks und nach manchen Schwierigkeiten nach Zürich. Wir hatten einige Adressen von Kieler Freunden, deren Verwandte und Freunde in Zürich lebten und denen wir ein Lebenszeichen und persönliche Grüße übermitteln sollten.

Unsere erste Erfahrung war, daß wir kein Geld hatten, denn die Deutsche Reichsmark hatte keinen Wert in der Schweiz. Nach einigen freundlichen Grüßen bei uns fremden, aber äußerst aufgeschlossenen, liebenswerten Menschen, nach allerlei Kaffee, Tee und Schnaps, alles für uns unerreichbar bisher, waren wir am Abend liquide und hatten ein herrliches Quartier für ein paar Tage und Nächte bei einer Professorenwitwe, deren etwa gleichaltriger Sohn Ägyptologie studierte und auf Studienreise im Orient war. Sein Zimmer stand uns zur Verfügung, und schließlich, nach einem abendlichen Spaziergang am Zürichsee, hatten wir ein Quartier für die paar Wochen nach unserem Ernteeinsatz. Ein Student im medizinischen Examen, fasziniert von allem Deutschen, ohne es zu kennen, lud uns zu seinen Eltern ein. Sie hatten eine Mansarde, in der wir ungestört bleiben konnten.

Nun waren wir also in einem anderen Land, konnten uns entspannt umschauen und waren offen für bisher unbekannte Erlebnisse und Erfahrungen. Der erste überwältigende Eindruck war: Hier waren alle Häuser heil und hell und hatten Fenster. In Gedanken stand die Ruinenlandschaft unserer Heimat vor uns und die von den Nazis gebauten Kasernen, die zwar Luftlöcher hatten, Fensterhöhlen, aber keine Fenster. Nicht einmal die längst zerstörte Reichskanzlei in Berlin hatte Fenster gehabt. Wir entdeckten, wie abgeschlossen wir zwölf Jahre lang gewesen waren, eingemauert in einem großen Gefangenenlager. Und die zweite Erfahrung: In allen Wohnungen, die wir bisher besucht hatten, hing das Bild eines allseits verehrten Oberbefehlshabers, eines Generals, und unsere hochgebildete und liebenswürdige Gastgeberin zeigte uns eine Pistole, mit der sie den ersten SS-Mann erschossen hätte, falls die Deutschen das Land besetzt hätten. Immerhin war der Krieg erst seit zwei Jahren zu Ende und die Bedrohung vorüber, und alle wollten etwas über die Kriegserlebnisse wissen und über die Hölle der Bombennächte und der Nachkriegszeit. Sie konnten sich ein Leben mit unseren Lebensmittelrationen, mit Stromausfällen und ohne Heizung in notdürftig geflickten Häusern nicht vorstellen, und sie leisteten uns alle Hilfe und Liebesdienste, die sie leisten konnten, Menschen, die noch vor zwei Jahren ihre Bedroher waren.

Nach zwei Tagen in Zürich fuhren wir nach Ruswiel, wurden beide auf Nachbarhöfen untergebracht, nicht eben komfortabel, und leisteten harte Arbeit. Um vier Uhr begann der Tag mit der ersten Heumahd, dann kamen die Versorgung der Kühe, andere Feldarbeiten und wieder Arbeit im Heu. Aber es gab auch sechs nahrhafte Mahlzeiten am Tag und literweise Most. Nach vier Wochen hatten wir fast 15 Kilogramm an Gewicht zugenommen, waren braungebrannt und hatten 80 Franken verdient. Nun machten wir eine Wanderung um den Vierwaldstättersee, übernachteten zwei Nächte auf dem Rigi, da uns der Wirt eines Gasthofs eingeladen hatte. Immer in Sichtweite von Pilatus und Bürgenstock genossen wir zehn Tage in unbeschwerter Freiheit. Dann zogen wir in unsere Mansarde in Zürich ein. Die Mutter unseres neuen italienischen Freundes drückte uns an ihre umfangreiche Brust, oh Mamma mia. Die Familie hatte einen Verpflegungsplan für uns bei allen Familien des Hauses vorbereitet, wir aßen abwechselnd in allen Etagen und frühstückten morgens im Parterre bei der Betreiberin einer Heißmangel. Jeden Abend lagen Pakete mit gut erhaltenen Kleidungsstücken in unserer Mansarde, und ein Großhändler für Hausiererbedarf schenkte uns soviel Näh-, Stopf-, Sicherheitsnadeln und Zwirn, daß wir unsere Freunde in Kiel bei Einladungen wochenlang anstelle von Blumen damit beglücken konnten.

Inzwischen hatten an der Universität Zürich die Vorlesungen begonnen, und ich hörte Vorlesungen bei dem damals in Europa berühmten

Germanistikprofessor Staiger. Als wir zurückkamen, wußten wir, wir waren in einem anderen Land gewesen, aber nicht in der Fremde, und auch zu Hause sollte es wieder so werden wie in dieser heilen Welt. Im Spätsommer 1948, also nach der Währungsreform, wurde ich von der Referentin für Erwachsenenbildung bei der britischen Militärregierung, Mary Grutter, nach England eingeladen. Ich fuhr mit einem Freund, Gerd von Wahlert, der Zoologie studierte und auch schon als Student nebenamtlich an der Kieler Volkshochschule tätig war. Wir sollten Einrichtungen der Erwachsenenbildung kennenlernen und nahmen deshalb an Kursen in zwei Sommerschulen, der Workers Educational Association (WEA) in Cottingham bei Hull und in Bangor teil. Ich erinnere nicht, daß ich inhaltlich besonders viel gelernt hätte, aber wir wurden, besonders in Hull, bei ziemlich alten Dozenten mit einigen Vorurteilen gegenüber Deutschland konfrontiert. Ganz anders in Bangor. Hier herrschte viel Aufgeschlossenheit. Wir befreundeten uns mit einem Ehepaar aus Bolton. Er war Generalvertreter für Cadbury-Schokolade in Nord- und Mittelengland und hatte neben seiner Frau auch seine Sekretärin dabei, die in Bolton zu Hause war und zur Familie gehörte. Auch hier waren die Inhalte nicht das wichtigste, sondern die Menschen. Sie zeigten sich freundlich, sehr interessiert, aufgeschlossen, und auf eine Weise unaufdringlich, die man so nur in England antrifft.

Ich lernte allerdings manches über die Struktur der Erwachsenenbildung in England, zunächst die Arbeit der WEA. Ihre Teilnehmer kamen meist aus Kleinbürgerkreisen und Mittelstand, nicht aus der Arbeiterschaft. Das Geheimnis des Erfolges der WEA war die enge Zusammenarbeit mit den Universitäten, die 1903 Albert Mansbridge gegründet hatte. Spätestens seit Beginn des Jahrhunderts hatten die englischen Universitäten extra-mural-departments, gleichberechtigte Departments mit Universitätsprofessoren neben den anderen Fakultäten. Sie führten vor allem für die WEA tutorial-classes durch, die in Dreijahreskursen in ein Fach einführten. Unsere englischen Kollegen drängten uns immer, auch ähnliches in Deutschland einzuführen. Aber die Tradition der deutschen Universität und auch seit 1920 der Volkshochschulen stehen solchen Versuchen entgegen.

Die Tradition der britischen Universität ist eben ganz anders von gesellschaftlicher Verantwortung geprägt wie die der deutschen Universitäten, und die Volkshochschulen in Deutschland entwickelten bereits in den zwanziger Jahren eine auf wissenschaftliche Kenntnisse beruhende breite Angebotspalette.

Ähnlich wie die deutschen Volkshochschulen waren die erst im Krieg gegründeten Evening-Instituts der LEA (Lokal Education Authority). Sie leiden neuerdings sehr unter den Sparzwängen der konservativen Regierung. Besonders beeindruckt hat mich, daß Großbritannien seine wichtigste Bildungsreform im letzten Jahr des Krieges, 1944, durchführte. Außer dem Aufbau der LEA, wurden comprehensive schools, wir würden sagen Gesamtschulen, eingeführt. Sie standen gegen das bisherige standesbezogene Collegewesen in England und erschlossen breiten Schichten differenzierte und höhere Bildung. Ich konnte die Entwicklung des britischen Bildungswesens, besonders der Erwachsenenbildung, durch Jahrzehnte hindurch in vielen Bereichen beobachten und auch einige Vorträge über deutsche und europäische Bildung halten.

In England hatte ich besonders viele Freunde und vertraute Kollegen, die meisten leben nicht mehr. Immerhin war ich bei meinem ersten Englandaufenthalt erst 23 Jahre alt. Besonders eng verbunden war ich, und später auch meine Frau, mit Freunden aus Bolton, der Familie Heyes. Es handelte sich um eine sehr »gediegene« Familie. Beide Eheleute hatten Vorfahren, die mit dem herzoglichen Hof in Lancaster verwandt waren, George war deshalb auch Mitglied einer besonderen Polizeieinheit und wurde alljährlich zu einem Bankett bei der Queen eingeladen. Er hatte während des Krieges in Australien nach Deserteuren und Spionen gefahndet. Er war an so vielen Dingen interessiert, wie ich es nie bei einem Freund erlebt hatte. Er besaß im Keller ein Laboratorium, in der Mitte des Hauses eine umfangreiche historische Bibliothek, auf dem Dachboden eine kleine Sternwarte, und seine Leidenschaft war Höhlenforschung.

Um zu verstehen, was britische Lebensart ist, möchte ich ein Erlebnis schildern, das ich in einem Rundfunkfeature beschrieb: George Heyes fuhr häufig, wenn wir bei ihm zu Gast waren, nachmittags mit uns aufs Land. Wir kannten die Bäderküste von Northwales bis Lancaster beinahe besser als Schleswig-Holstein. Eines Tages besichtigten wir ein Schloß, parkten auf einem Rasen vor dem Haus und tranken Tee. Nach einiger Zeit kam ein Wärter, erkundigte sich nach unserem

Befinden, wünschte uns Teegenuß und stellte schließlich fest, daß es verboten sei, hier zu parken. Meine Freunde ließen sich beim Tee nicht stören, bis von der anderen Seite ein zweiter Wärter kam. Die gleiche Zeremonie spielte sich ab. Nach dem Tee schließlich fuhren wir auf den offiziellen Parkplatz, bevor wir das Schloß besichtigten.

Immer wieder wurde ich in Deutschland gefragt, wie, warum und wozu man denn im Urlaub nach England fahren könne. Ich habe ihnen dann von der Schönheit des Lakedistricts und der Bäderküste vorgeschwärmt, aber hauptsächlich mit einem Wort Grundtvigs geantwortet, der England den lehrreichsten Flecken der Erde genannt hatte.

Nach dem Krieg hatten sich die westlichen Besatzungmächte im Bildungswesen auf das Prinzip der Reeducation verständigt. Die Engländer handhaben das, jedenfalls in Norddeutschland, sehr locker. Sie hielten mehr von Vorbild und Anregung als von Kontrolle. Anders die Amerikaner. Sie leisteten zwar beträchtliche finanzielle Hilfe, besonders für die Erwachsenenbildung, hielten aber viel von Kontrolle, nicht nur um restnazistische Strömungen und Personen zu verhindern, sondern auch linke Tendenzen und das, was sie »unamerikanisch« nannten. Auch manche von meinen späteren Freunden fielen diesem Verdikt zunächst zum Opfer. Die Engländer setzten schon bald an die Stelle der Reeducation den Begriff der Educational Reconstruction, die Amerikaner schlossen sich 1953 dieser Tendenz an. Sie lockerten die Kontrollen und luden deutsche Bildungsfachleute und Politiker zu Studienprogrammen ein. Auch in den Amerikahäusern versuchten sie zunehmend, ein differenzierteres Amerikabild zu entwickeln. Die Amerikahäuser arbeiteten häufig mit den Volkshochschulen zusammen.

Das führte wohl auch dazu, daß ich 1953 im young leaders program nach Amerika eingeladen wurde. Ich sollte an einem etwa vierwöchigen Kurs in Harvard teilnehmen. Junge Nachwuchspolitiker und junge Fachleute der politischen Bildung aus den atlantischen und einigen pazifischen Ländern waren eingeladen. Etwa 50 junge Männer und junge Frauen kamen aus Skandinavien, Großbritannien, Deutschland, Holland, Belgien, Frankreich, Japan, Nationalchina, den Philippinen und Vietnam nach Harvard. Leiter des Seminars war der damalige Assistent Professor für Geschichte, Henry Kissinger. Das Seminar fand in einem der schönen, alten, kleinen Häuser des historischen Instituts statt. Wir erlebten den Harvard-Campus, diese kleine Stadt aus Backsteinhäusern, meist aus dem 19. Jahrhundert, mit der kleinen Kirche, einigen größeren Dormitorien, es herrschte eine ganz andere Atmosphäre als in dem düsteren Penbrook-College in Oxford, das ich 1952 erlebt hatte. Das Grundthema war »Grundzüge der Demokratie«. Ihr Wesen, ihre staatlichen Formen, ihre Stabilisierung durch Bildung und durch äußere Sicherheit. Wie wehren wir den Kommunismus ab? Der starke Eiserne Vorhang in Europa und die Notwendigkeit der deutschen Wiederbewaffnung.

Für fast eine Woche kam der gerade gewählte junge Senator von Massachussetts, John F. Kennedy, als Freund von Henry Kissinger und sozusagen als Stargast zu uns. Wir diskutierten intensiv mit ihm, speisten und tranken gemeinsam mit ihm, verkehrten mit ihm gewissermaßen als vertraute fellows und waren alle uneingeschränkt fasziniert von der unverwechselbaren Ausstrahlung seiner Persönlichkeit. Ich habe später in schleswig-holsteinischen Zeitungen wohl als erster über diesen aufgehenden Stern Amerikas geschrieben und ausführlich in Volkshochschulen und Amerikahäusern darüber gesprochen.

Das wichtigste aber, was ich von beiden lernte, von Henry Kissinger und John F. Kennedy, war das Verständnis der beiden Grundlagen des Selbstverständnisses in Amerika. Die Figur des Frontiers und des Missionars, nicht des Polizisten für die Freiheit. Verschiebung der Grenzen hieß für John F. Kennedy nicht nur, die räumliche Grenze vorzuschieben, zunächst war das ja von der Ostküste zur Westküste geschehen, nun war der weitere Weg nach Westen über den Pazifik versperrt. Rotchina stand im Wege. Aber Grenzüberschreitung hieß auch Überwindung der Rassen- und Klassenschranken, der Bildungsbarrieren, Mut zum Start in den Weltraum. Und auch als Missionar für die Freiheit hatten die Amerikaner sich immer gefühlt. Selbst in der Zeit der Monroedoktrin, Amerika den Amerikanern. Ich habe mich nach diesen Erlebnissen und Erfahrungen immer wieder mit amerikanischer Politik, vor allem aber mit amerikanischem Denken beschäftigt.

Im nächsten Jahr wurde ich im leaders program eingeladen, das war ein dreimonatiges Studien-, Besichtigungs- und Vortragsprogramm. Die Teilnehmer sollten die wichtigsten Regionen kennenlernen, sich über Fragen, die mit ihrem Beruf zusammenhingen, informieren können und, besonders wenn sie aus dem Bildungssektor kamen, über ihre Arbeit Vorträge vor allem in Universitäten halten.

Zur Hinfahrt benutzte ich die Super Constellation. Der Flug dauerte bis New York fast 24 Stunden. Für die Rückfahrt war eine Schiffspassage bewilligt. Mit meinem Sponsor besprach ich in der Einführungswoche in Washington das Reiseprogramm. Es führte mich nach New York, Detroit, Chicago, an mehrere Plätze in Wisconsin, nach San Francisco, Los Angeles, St. Louis und zurück nach Washington und New York. In New York bin ich in unterschiedlichen Funktionen noch häufig gewesen. Für meine damaligen Studien interessierte mich zunächst Detroit. In dieser Zeit diskutierte man viel über gesellschaftliche Verhältnisse in Amerika. Das Buch von David Riesman »The lonely crowd«, »Die einsame Masse«, war eines der meistdiskutierten Bücher in Deutschland. In dieser Wiederaufbauphase der deutschen Wirtschaft wurde auch zunehmend wichtig, was in Amerika »human relation in industry« hieß. Beides konnte man in Detroit besonders gut studieren. Ich sprach mit Betriebsleitern, fühlte mich vom Tailorsystem als dem Gegenteil eines nach menschlichen Bedürfnissen ausgerichteten Systems besonders abgestoßen und wunderte mich, wie wenig die Gewerkschaften sich für solche Fragen interessierten. Bildung kam in ihrem Aufgabenprogramm nicht vor, nur Verträge und Löhne.

In Wisconsin interessierte mich die Rolle der im 19. und den ersten Jahrzehnten des 20. Jahrhunderts eingewanderten Deutschen in der Politik. Im Fernsehen sah ich fast jeden Abend die dem Blutrichter Freisler ähnlichen Prozesse des Senators McCarthy gegen sogenannte »unamerikanische Umtriebe«. Er war Senator aus Wisconsin. Ich wollte hören, wie die Stimmung bei den ehemaligen Deutschen war und welche Rolle sie bei seiner Wahl gespielt hatten. Ich wohnte ein paar Tage in Sheeboigan am Lake Michigan und besuchte Kiel, Schleswig, Newholstein und Lubeck. In Kiel/Wisconsin hielt ich am Labor Day eine Rede und warb für Zustimmung zur amerikanischen Kultur. Irgend jemand zeigte mir mit Stolz sein Hakenkreuzabzeichen hinter dem Rockaufschlag. Ich floh bald vor den Bratwurstglöckles und Kegelbahnen, und ich konnte die Hymnen auf Hindenburg und Sepp Herberger nicht mehr hören.

Niemand, der je in San Francisco war, kann die Schönheit und die unverwechselbare Atmosphäre dieser Stadt vergessen. Hier war mein besonderes Ziel natürlich die Berkley University. Ich fuhr mit dem Bus durch eine der schönsten Landschaften der Welt, durch den Grand Canyon, und landete in Los Angeles. Hier wollte ich Filmproduktionen sehen, denn ich war damals Mitglied der Filmselbstkontrolle in der Bundesrepublik. »They will spread out the red carpet for you«, hatte mir schon in New York der Filmzensor angekündigt, denn ich war vor allem zuständig für die Freigabe von Filmen für Jugendliche. Ich war also für die Produzenten in Hollywood und die Verleiher in Deutschland bares Geld wert. Tatsächlich standen mir für die Tage in Los Angeles Wagen und Fahrer von der Motion Picture Association zur Verfügung, auch für Fahrten, die nicht mit diesem Thema zu tun hatten. Aber zunächst führte ich Gespräche mit Vertretern der Motion Picture Association über Grundsätze der Filmproduktion. Für die »saubere Leinwand« war gesorgt, Busen durfte nur in sanften Ansätzen gezeigt werden, ein Kuß durfte nur wenige Sekunden dauern, damals, im Jahr 1954! Dann besichtigten wir Studios bei Metro Goldwyn Mayer. Billy Wilder drehte gerade seinen Film »Seven Years Itch«, das verflixte siebte Jahr. So konnte ich durch eine große Scheibe Aufnahmen mit Marylin Monroe bestaunen. Sie war unbeschreiblich schön, besonders in ihrem eng anliegenden Morgenanzug. Nur das Buchstabieren fiel ihr schwer. Der Satz, den sie bei dieser Aufnahme sprechen mußte, hieß etwa »But down in the basement there lives a man, and his name is Sherman, Norbert Sherman.« Diesen Namen mußte sie buchstabieren. Nach zehn Versuchen machte Billy Wilder eine Pause und kam zu uns heraus. Er hatte darum gebeten, ihm die Gäste aus Deutschland oder Österreich vorzustellen. Ich wurde ihm vorgestellt, und wir kamen bald in ein fröhliches, leutseliges Gespräch, nach englischem Anfang auf deutsch. Er lud mich ein, am Nachmittag mit Marylin und ihm im Kasino Kaffee zu trinken. Ein zauberhafter Nachmittag, bei dem Billy Wilder im wesentlichen das Gespräch mit Erinnerungen aus Berlin bestritt und Marylin Monroe allein durch ihren Anblick und ihre freundliche Bescheidenheit bezauberte.

Am Abend war ich dann von den republikanischen Damen in die Hollywoodbowl eingeladen. Die Congressmen wurden vorgestellt und Ike, d.h. Präsident Eisenhower, hielt eine Rede. Selten habe ich so etwas Primitives gehört, aber das Spektakel war mit drei Kapellen, flaggenschwingenden Boy-Scouts, unzähligen bunten Scheinwerfern und einem Luftschiff mit der Aufschrift »LA loves Ike« perfekt. Unwillkürlich mußte ich an Tucholsky denken und seine Satire »Der Mensch«, in der es zum Schluß heißt: Außer den Menschen gibt es noch Amerikaner, aber wir bekommen Zoologie erst in der nächsten Klasse.

St. Louis war meine letzte Station vor der Schlußbesprechung in Washington und der Rückreise von New York. Aber St. Louis war für mich eine besonders wichtige Schlußstation. Schon auf dem Flughafen sagte mir die Professorin, die mich abholte, daß ein sehr berühmter Kollege von ihr mich gern treffen würde. Er war der letzte österreichische Bundeskanzler vor dem sogenannten Anschluß, Schuschnigg. Er hatte nach den demütigenden Verhandlungen mit Hitler 1938 emigrieren müssen und war nun schon lange Zeit Professor für europäische Geschichte an der von den Jesuiten betriebenen George Washington University in St. Louis. Auch er hatte wie Billy Wilder gebeten, daß man ihm Gäste aus Deutschland und Österreich vorstellen möge, und er lud mich für zwei Tage und zwei Nächte in sein Landhaus ein. Hier hatte ich in vielen intensiven Gesprächen mit ihm und seinen Freunden Gelegenheit, meine Eindrücke und Erlebnisse kritisch aufzuarbeiten und zu Einsichten und Erfahrungen zu verdichten. Meine Gesprächspartner waren fast alle aus Europa aus rassischen oder politischen Gründen emigriert, aber sie sahen Amerika mit konservativen europäischen und meist katholischen Maßstäben. Mich hatte bei meinen Studien vieles fasziniert. Besonders für das Bildungswesen war mein Urteil eher enthusiastisch. Gerade aber hier brachten meine Gesprächspartner Korrekturen an, und auch hinsichtlich der wirtschaftlichen Entwicklung in den USA waren sie eher skeptisch. Das eigentliche Abschlußgespräch im State Department in Washington brachte nichts bemerkenswert Neues. Ellinor Dulles, die Schwester des Außenministers John Foster Dulles, die im State Department zuständig für die Abteilung war, die uns betreute, ermahnte uns zu strammem Antikommunismus und hätte uns gern als militante kalte Krieger nach Deutschland und Europa zurückgeschickt. Nicht alle in der europäischen Gruppe taten ihr diesen Gefallen.

Die Rückfahrt auf der »United States« war ein besonderes Erlebnis. Fünf ruhige Tage bei ruhiger See, trotzdem viele Begegnungen und Gespräche. Ich hatte Zeit, mein Tagebuch zu komplettieren und über Erfahrenes nachzudenken. Gewiß – für einen Deutschen meiner Generation mit meinen bisherigen Erlebnissen und meinen angestrebten Berufs- und Lebensperspektiven war das Erlebnis USA schon faszinierend. Beginnend mit der Weite des Landes, mit der Schönheit einiger Regionen war der Zugang zu den Menschen das Unverwechselbare. Die unmittelbare Offenheit der Gespräche, das leichte, aber doch respektvolle Miteinander, gewiß auch in einigen Regionen, besonders im mittleren Westen, die Primitivität und Provinzialität. Das offene, freie Bildungs- und Erziehungssystem, aber auch das alle Ordnungen sprengende Fehlen von Autorität. Der in dieser Zeit noch durchgängig vorhandenene relative Wohlstand, die ungehemmte räumliche, aber auch berufliche Mobilität, aber auch die Fluktuation der Bevölkerung, die vor allem im Ballungszentrum verhinderte, stabile Strukturen zu bilden. Man sieht, jede Erfahrung ist ambivalent. Was man gerade als gesichert entdeckt zu haben glaubt, wird an der nächsten Ecke schon wieder in Frage gestellt.

Ich bin nach diesem längeren Aufenthalt noch viele Male in den USA gewesen, im Transit bei Reisen nach Mittelamerika, zur Teilnahme an Jahresversammlungen der American Association of Adult and Continuing Education (AACA), aber auch zu längeren Beschäftigungen mit vielen anderen Regionen, zu Vorträgen mit Diskussionen über besondere Problemkreise über Medien und Medienpädagogik, über gewerkschaftliche und soziale Fragen oder zur rotarischen Governorschulung. Immer wieder die gleiche Erfahrung der Ambivalenz, Erfahrung von Größe und Zerfall. Neuerdings fortschreitende Armut und soziales Chaos in Ballungszentren, vor allem trostloser Zerfall des Bildungswesens, immer noch kein nationales Krankenversicherungssystem. Präsident Eisenhower hatte 1954 in seiner Rede in Los Angeles enthusiastisch dagegen gekämpft.

Ich erinnere mich immer noch an ein Gespräche mit einem Ehepaar auf der »United States«. Er war Bankangestellter von Beruf, war im Zweiten Weltkrieg schwer verwundet worden und war Congressman gewesen. Jetzt waren sie auf dem Weg nach England, um dort mit ihrer Familie das weitere Leben zu verbringen. »Wir wollen, daß unsere

Kinder in einem Land aufwachsen können, in dem ein Senator McCarthy nicht wirken könnte«, war ihre Begründung. Und ich erinnere mich an ein Wort von Charly Chaplin. Als er von den USA nach England zurückkehrte, um dort seinen Lebensabend zu verbringen, sagte er:»Ich möchte in Ruhe alt werden und mit ein bißchen Würde.« Mit meinem Dienstantritt in Rendsburg wurde zunächst Skandinavien zu meinem vorrangigen ausländischen Interessenbereich. Wir hatten mit vier schwedischen Heimvolkshochschulen regelmäßigen Teilnehmeraustausch in unserer Heimvolkshochschule. Später kamen vor allem durch meine persönlichen nordischen Kontakte auch junge Dänen, Norweger und Finnen dazu. Die vier skandinavischen Länder hatten ja in den letzten hundert Jahren sehr unterschiedliche Beziehungen zu Deutschland entwickelt. Finnland war in den beiden Kriegen mehr oder weniger mit Deutschland verbündet gewesen und mehr oder weniger von Deutschland enttäuscht worden. Im letzten Krieg besonders durch die deutsche Politik der verbrannten Erde im Norden. Schweden hatte eine etwas zwielichtige Neutralität bewahrt. Immerhin stand es in beiden Kriegen im Spannungsfeld zwischen Westeuropa, Rußland bzw. der Sowjetunion und Deutschland. Die Norweger hatten seit ihrer Unabhängigkeit diese Unabhängigkeit und Selbständigkeit ihrer Politik besonders kultiviert. Um so mehr hatten sie unter der Besatzung im Zweiten Weltkrieg gelitten und entschieden Widerstand geleistet. Dänemark stand spätestens seit der Mitte des vergangenen Jahrhunderts in einer Spannung zu Deutschland, die Gott sei Dank in den letzten 30 Jahren kontinuierlich abgebaut wurde, aber immer noch nicht ganz überwunden ist. Wir Schleswig-Holsteiner wußten gut, daß die Türschwelle hier zu einem Bergmassiv anwachsen konnte. Ich erfand deshalb Ende 1959/60 die skandinavisch-deutsche Sommerschule. Sie besteht bis heute. Mein Ausgangspunkt für die Begründung dieser Einrichtung, die ja besondere Finanzmittel benötigte, war eine starke antideutsche Berichterstattung in der skandinavischen Presse, denn in dieser Zeit waren an mehreren Stellen in Deutschland wieder einmal jüdische Friedhofe geschändet worden. Wir luden also aus den vier skandinavischen Ländern Leiter und Lehrer von Volkshochschulen ein, um mit ihnen in Rendsburg etwa 20 Tage über Nachkriegsdeutschland zu sprechen und noch vier Tage nach Berlin zu fahren. Der schönste Dank für mich war in einer

Abschiedsrede die Feststellung, wir kennen jetzt das neue Deutschland, das unser Freund wird, und wir sind drei Wochen in Europa gewesen.

Vor allem mit den Dänen mußte natürlich Geschichte aufgearbeitet werden. Ich lud deshalb neben anderen den bedeutendsten dänischen Historiker der damaligen Zeit, Professor Troels Fink ein, der damals dänischer Generalkonsul in Flensburg war. Eines seiner Themen hieß beziehungsreich »Die langen Linien der dänischen Außenpolitik in der Neuzeit«. Jeder mußte natürlich an die »lange Linie« mit der zauberhaften Meerjungfrau in Kopenhagen denken.

Ich habe mir von diesem Vortrag folgendes in meinem Tagebuch notiert: »Anfang des 19. Jahrhunderts begann die Geschichte, denn hier zerbrach der dänische Gesamtstaat. Dänemark flüchtete in die Neutralität. Die weitere dänische Geschichte ist die Geschichte der Angst vor dem großen Nachbarn. 1848 will man sich davonstehlen, indem man Holstein aus dem Gesamtstaat entläßt. Darauf verzichtet, sagte Tröls Fink, die Schleswig-Holsteiner aber sagen, indem man Schleswig annektiert.« Die Neutralität wird weiter versucht, auch nach dem Krieg von 1864 und dem Verlust des Herzogtums Schleswig an Preußen. Jetzt wird der Nachbar zur unmittelbaren Gefahr. Das große Zahnrad Deutschland bewegt das kleine Zahnrad Dänemark unerbittlich. Understatement wird zum Lebensstil neben einem verbissenen nach innen gewinnen, was nach außen verlorenging. »Understatement und Neutralität« aber bringen neue Unsicherheit und schließlich Besetzung.

Totalitäre Mächte kümmern sich nicht um Verträge und Neutralität. Sie bedrohen, sie besetzen, sie manipulieren, sie wenden hemmungslos das Gesetz des großen Zahnrades an. Also folgt der Beitritt zur NATO als unausweichliche Konsequenz für die dänische Politik schon 1949. Mit dem Beitritt der Bundesrepublik 1956 wird der Gegner von früher Bundesgenosse von heute gegen einen gemeinsamen Gegner und für die freie Welt. 1961 fand zum Schwellenabbau der deutsch-dänischen Spannung eine schleswig-holsteinische/dänische Nachbarschaftstagung in der Volkshochschule Magleaas bei Kopenhagen statt. Neben vielen anderen endeckt man, wenn man dänische Kollegen trifft, immer noch etwas vom Geist Grundtvigs. Sachlich und souverän spricht man heute darüber in Rødding, der ältesten dänischen Volkshochschule. Ganz anders in einer der jüngsten Volkshochschulen nebenan, in Uge, sie ist ganz dem Andenken Grundtvigs gewidmet, bzw. dem, was der Leiter dafür hält, dessen Einrichtung fast die Karikatur einer modernen Volkshochschule ist. 1961 notierte ich, daß persönliches Understatement und Selbstkritik zu den liebenswerten Eigenschaften der Dänen gehören. Aber von außen kommend fragt man, warum soll das alles, was hier notwendig und richtig erkannt und folgerichtig geleistet wird, von Grundtvig stammen? Verstellt nicht seine Gedankenwelt zugleich den Blick auf wichtige Erkenntnisse moderner gesellschaftlicher Zusammenhänge? Ist es nicht gar möglich, daß man aus seinem selbstinterpretierten, sehr persönlich gedeuteten Grundtvig Symptome behandelt, ohne grundsätzliche gesellschaftliche Schäden zu kurieren? Weil man sie mit seinen Denkmitteln ausgestattet nicht erkennen kann. »Grundtvig bedeutet heute unmittelbar nichts«, sagt Paul Dam. »Kein Mensch liest Grundtvig.« Das scheint mir etwas übertrieben, denn viele singen seine Lieder, und jeder liest die zahlreichen Grundtvig-Texte an öffentlichen Gebäuden, Denkmälern und Grabsteinen. »Aber Grundtvigs volle Bedeutung kommt erst im 21. Jahrhundert zur Geltung«, meint Paul Dam. »Denn es stimmt nicht, daß die Menschen ganz und gar rational sind, wie die Deutschen meinen. Der Wandel vollzieht sich ungeheuer langsam, epochenreich und über Jahrhunderte. Geistige Bewegungen entspreche dem Rhythmus der großen Erdbewegung.«

Gewiß arbeitet mancher dänische Hochschulleiter aus einer ähnlichen Vorstellungswelt heraus. Aber in einem persönlichen Gespräch meint der Vorsitzende des dänischen Hochschullehrerverbandes: »Wir haben 66 Volkshochschulen und 35 Landbauschulen und über 100 Nachschulen. Das sind mehr als 1000 Lehrer. Aber wir tun nichts für ihre Ausbildung, für die besondere Aufgabe in der Volkshochschulbildung. Immer noch sind die meisten dänischen Volksbildner überzeugt, daß der rechte Lehrer vom Himmel fällt, Soziologie und Psychologie als Grundlagenwissenschaften überdecken nur die Intuition, und sie ist das wahre Geschenk des Lehrers. Aber auf diese Weise werden wir bald keinen Nachwuchs mehr haben. Es wäre falsch zu sagen, die dänische Volkshochschule befände sich in einer Krise. Aber immerhin in einem Wandel; auch einem Wandel der Grundlagen.«

Grundtvig war der große Erwecker. Tut man Recht daran, ihn zum Ideologen zu machen?

Von Norwegen aus war ich 1944 mit der Marine mit einem Minensuchboot auf Geleitzug gefahren. Eine gewisse Belastung für manche Gespräche, die ich bei drei Besuchen in Norwegen spürte. Aber die meisten Kollegen begegneten mir nach einer offenen Grundaussprache mit Freundschaft und Offenheit. Vor allem die energischen, souveränen und einfallsreichen Frauen, die in der norwegischen Erwachsenenbildung führend tätig waren. Ich erinnere mich an Inge Lycke vom Verband der Norwegischen Volkshochschulen und Christine Anderson, die Vertreterin der Regierung, übrigens auch Mitglied im Europarat, mit der ich die Erwachsenenbildungspartien für einen deutsch-norwegischen Kulturvertrag vorbereitete.

In Schweden besuchte ich zusammen mit meiner Frau viele Partnervolkshochschulen und erinnere mich besonders an die Teilnahme an einer nordischen »Möte«. Ein nordisches Volkshochschultreffen von etwa 300 Leitern und Lehrern von Volkshochschulen in Skandinavien in Södra Sunderby, einem im höchsten Norden Schwedens, noch nördlich von Luleå gelegenen Ort. Das nördliche Viertel Europas war das regionale Thema. Und die neue Rolle der Volkshochschulen in den weitgreifenden Bildungsreformen in Skandinavien war das Fachthema.

Mein Freund Gösta Vestlund, der führende Beamte in der schwedischen Erwachsenenbildung, hielt ein sehr informatives Referat.

Am meisten von allen skandinavischen Ländern interessierte mich Finnland. Dieses Land zwischen den Machtblöcken, der etwas sentimentalen Beziehung zu Deutschland und den vielen politischen und sozialen Problemen. Nach zahlreichen Aufenthalten kenne ich alle wichtigen Städte und Regionen. Nach meinem ersten Besuch 1961 notierte ich in meinem finnischen Tagebuch: »Auch dieses konservativste Volk Europas, das doch wieder so fortschrittlich ist, paßt sich dem Trend an, der zu der einen Welt führt. Und da es auf der Nahtstelle zwischen dem englischsprechenden und dem russischsprechenden Teil dieser einen Welt wohnt, kann es sich den Luxus einer dritten Möglichkeit nicht mehr leisten. Trotzdem begegnet uns Deutschland hier in den Uniformen der Soldaten, in der Literaturkenntnis der Älteren, auf dem Soldatenfriedhof, in der Verehrung für Mannerheim und in der ungewöhnlichen Ähnlichkeit der Volksbildungseinrichtungen.« Finnland ist in seiner Erwachsenenbildung beide Wege gegangen. Den skandinavischen der Heimvolkshochschulen und den deutschen der eigenständigen Abendvolkshochschule. Gerade sie sind den deutschen Abendvolkshochschulen erstaunlich ähnlich. Fast möchte man sagen, deprimierend ähnlich. Die gleiche Struktur der Hörerschaft, die gleiche Sorge um die Kontinuität der Arbeit, die gleichen zu niedrigen Honorare, die gleiche pädagogische Problematik. Dabei ein Lehrstuhl für Erwachsenenbildung in Tampere und manche neuen Häuser, bislang wenig pädagogische Experimente, wenn man von den Bildungsaktivitäten in Lappeenranta absehen will. Aber das ist wohl eher ein ökonomisches als ein pädagogisches Element. Aber trotz aller Ähnlichkeit, das Eigene, das Besondere, das Unerforschte, das Unberührte atmet alles etwas den Hauch der Landschaft und der Menschen. Oder ist es doch berührt, versehrt, liegt die deutsch-finnische Gemeinsamkeit tiefer, vielleicht in der gefährdeten Existenz? Reicht die Grenzlinie vom Saimaasee zur Elbe nicht erst seit heute, sondern seit Generationen? Denn Finnland kam zu sich selbst, als Rußland noch Europa war und Zar Alexander seine Unabhängigkeit gelobte, als die nationalstaatliche Bewegung begann. Ein unbändiger Lebenswille und das Bewußtsein der Unabhängigkeit sind die Antwort auf die Gefährdung der Existenz, aber auch Verschlossenheit und Exzentrizität der Existenz zugleich. Auch der diplomatische Seiltanz auf der Gratwanderung zwischen den Blöcken. Von Politik wird in Finnland wenig gesprochen, obgleich Breschnew in diesen Tagen in Helsinki war, Kekkonen sich zu einer Amerikareise rüstete und die Präsidentenwahlen vor der Tür standen. Und doch sind alle Finnen politisch engagiert.

In meiner Funktion als Vorsitzender des Deutschen Volkshochschulverbandes lernte ich 1964/65 noch zwei für mich neue Regionen kennen: Indien und Mittelamerika. Die indische Adult Education Association feierte in diesem Jahr ihr Silver Jubilee und hatte sich als Geschenk der UNESCO drei Experten gewünscht, aus Großbritannien, USA und Deutschland. Der Deutsche Volkshochschulverband war vom Bundesministerium für Entwicklungshilfe gebeten worden, jemanden zu benennen. So kam ich als Vorsitzender des Verbandes nach

Indien. Ich bereitete mich gründlich vor. Das meiste lernte ich aus einem schmalen Band von Jean Gebser. Er brachte die Gegensätze zwischen Europa und Asien auf den Punkt. Und sei es in der banalen Feststellung, daß die Europäer mit dem Kopfe nicken, um ihre Zustimmung zu bekunden und zur Ablehnung den Kopfe schütteln. In Indien ist das umgekehrt. Als Redner ist man da besonders irritiert. Schon auf dem Flug lernte ich eines der großen Probleme dieser Region kennen, das Bevölkerungswachstum und der Sog der Ballungszentren. Unser Flugzeug wurde auf dem Flughafen von Karatschi (Pakistan) von einem Fahrzeug beschädigt und mußte fast zwei Tage warten, ehe es weiterging. Wir machten eine Stadtrundfahrt durch Karatschi und bekamen viele wichtige Informationen. Die wichtigste: 1947 hatte Karatschi etwa 17 000 Einwohner. Heute, 1964, lebten dort fast zwei Millionen. Man kann nicht sagen, sie wohnten dort, denn meist hatten sie nur Zelte oder auch Wellblech über dem Kopf. Wie soll hier Kommunalpolitik erfolgen? Wie sollen Verkehrsaufgaben gelöst werden, Ver- und Entsorgung stattfinden, zudem bei einer lethargisch dahindämmernden Masse?

Das war zu dieser Zeit auch das Hauptproblem Indiens in den Ballungszentren. Mehr noch als in Delhi, etwa in Kalkutta und Bombay. Den britischen Kollegen, Bill Styler aus Hull, kannte ich gut seit 1948. Er war damals Director of Studies in der Summer School in Bangor, als ich dort war. Wir verstanden uns sofort. Und seine Hinweise waren sehr hilfreich. Er war vor 1947 einige Jahre in Indien tätig gewesen. Unser Kontakt zu dem US-Kollegen war sehr locker. Er wohnte auch in einem anderen, besseren Hotel. Wir nahmen alle an allen Veranstaltungen des Kongresses zum Silver Jubilee teil und besuchten danach Bombay, Kalkutta und Madras, vor allem, um Universitäten zu beraten und ihnen deutlich zu machen, was wir in Europa über Erwachsenenbildung wußten und von Erwachsenenbildung verstanden. Hier dachte man natürlich zunächst an Alphabetisierung, verständlich in einem Land mit fast 90 Prozent Analphabeten. Aber es war ja auch wichtig, eine Mittelschicht zu bilden für Funktionen in Politik, Wirtschaft und Gesellschaft. Ich schrieb ein später publiziertes indisches Tagebuch. Ich zitiere daraus:»Das Yanpath-Hotel liegt im Zentrum. Es ist eines der Staatshotels, mit staatlichen Mitteln aufgebaut, in Staatseigentum, aber von Privatfirmen oder Genossenschaften versorgt. Man hat Appartements in diesen Hotels, und alle sind von Außenfluren zu erreichen. Wohl ausgestattet, klimatisierter Schlafraum, Ankleidezimmer, Bad und Balkon. Auf jedem Flur warten bereits Diener auf ihre Gäste. Sie haben sechs Zimmer zu versorgen, und ihre Arbeit verteilt sich nach nur Eingeweihten bekannten, undurchschaubaren Gesetzen. Wenn ich es recht verstanden habe, wirbelt einer Staub im Zimmer auf und reinigt das Bad, der andere putzt die Schuhe und macht das Bett. Der dritte Diener, er ist in Weiß gekleidet, bringt das Bier, besorgt die Wäsche, spricht ein bißchen englisch und kassiert das Trinkgeld.

Draußen zieht schwacher, träger Verkehr den Yanpath hinauf zum Connaugh Place im Geschäftszentrum von New Delhi. Hier und da hocken Händler am Straßenrand. Sie haben Kleinigkeiten zu verkaufen: Zigaretten, Gewürze, Süßigkeiten. Ihr Stand ist durch ein kleines Feuerchen schwach erhellt. Immer wieder tritt ein Bettler aus der Dunkelheit heraus, lallt seine monotone Bitte um ein Bakschisch, wird abgelöst von einer jungen Frau mit blitzend weißen Zähnen, die mir ein völlig verhungerndes Kind entgegenhält. Sie läuft wohl fünf Minuten neben mir. Ich versuche, sie nicht anzuschauen. Schon ein Blick garantiert weitere zehn Minuten bettelnde Begleitung. Jeder Penny führt unweigerlich Dutzende neue Bettler auf den Plan. Sie spüren den Neuankömmling, rechnen damit, daß er sie nicht erträgt, daß er seine erste halbe Rupie opfert. Sie werden ihm auf den Fersen bleiben.

Am Connaugh Place ist noch Betrieb. Kinos locken mit großen, bunten, unförmigen Plakaten. Shoeshineboys wollen auch noch den späten Spaziergängern die Schuhe blankreiben. Zeitungsjungen verkaufen die neuesten Meldungen, andere verkaufen Schuhe, Krawatten, Halbedelsteine, Kuchen, Süßigkeiten und sich selbst. Der Abend am Connaugh Place ist immer noch warm und aufregend. Wenn ich zum Hotel zurückschlendere mit undurchdringlicher, mit gewollter Lässigkeit, weitere Bettler abwehrend, rüsten viele ihr Nachtlager auf den Straßen. Unter den Verkaufsständen der Tibetaner stöhnt und röchelt es. Einmal stolpere ich fast über einen Schlafenden – oder war es schon ein Sterbender? Morgen früh wird wie jeden Morgen die Behörde einige hundert Tote einsammeln. Viele von ihnen sind gestorben in dem Glauben, in den Ozean der Zeit zurückzutauchen und im nächsten Leben verwandelt zurückzukehren. Eine Seele ohne Bewußtsein. Vielleicht als Kuh, als Maharadschah, als Elefant. Nur solche Aussicht läßt die Sterbenden in den Straßen ertragen. Da wir diese Hoffnung nicht teilen, verfolgt mich ihr trauriger Tod bis in den Traum.«

Der Chef der Planungskommission, Ashok Mehta, schien zu schlafen. Vielleicht meditierte er auch, während er die Konferenz leitete. Immer wenn gerade keiner redete, tauchte er aus seiner Meditation auf und erteilte einem neuen Redner das Wort. Und viele wollten reden, denn das Thema war »Nationale Integration und Erziehung«. Zunächst sprach Professor A. R. Wadida aus Bombay darüber, was die nationale Integration bewirkt. Seine Anwort war: eine besondere Rasse, eine gemeinsame Sprache, eine Religion, bestimmte gemeinsame historische Zusammenhänge. Alles das hat Indien nicht. Alles dies gab es in Amerika ursprünglich auch nicht. Aber einen Willen gab es in Amerika, unter einer bestimmten Staatsform zu leben. Jeder, der die amerikanische Verfassung akzeptiert, kann Amerikaner werden. Aber er muß auch bereit sein, die gemeinsame Sprache zu sprechen. Dann ging Professor Wadida auf das Problem der Sprache ein. Er sprach von der integrierenden Kraft des Hindi, das nur 60 Prozent der Bevölkerung sprechen, und zwar in so verschiedenen Dialekten, als sprächen die einen norwegisch, die anderen italienisch. Er plädiert für Englisch, denn er ist ein Parse, einer von jenen agilen, effektiven Kräften aus Bombay und Umgebung, die ihren Glauben von Zarathustra herleiten und ihre Leichen in die Türme des Schweigens werfen, weil sie Feuer, Wasser, Erde und Luft für heilig halten. Die Parsen sind stark europäisch geprägt, stammen aus hohen Kasten, sind meist in Amerika oder Europa erzogen und gehören zu den konzentrierten und systematischen Denkern der Nation. Wenn schon Hindi, so sagte Professor Wadida, dann jedenfalls in lateinischer Schrift. Denn es gehörte zu den besonderen Enttäuschungen derjenigen, die gerade Lesen und Schreiben gelernt haben, daß sie dennoch keine Zeitungen lesen konnten, denn diese erscheinen in Englisch, daß sie keine Bücher lesen konnten, denn es gab kaum welche auf Hindi. Nationale Integration sei eine Frage der Bildung, meinte Professor Wadida, aber man sollte Bildung nicht mit der Überwindung des Analphabetismus verwechseln. Darüber gab es viel zu diskutieren, aber alle Diskussionsbeiträge endeten beim Problem des Analphabetismus. Es stellte sich die Frage, ob man gleichzeitig mit der Überwindung dieses Problems Wege der sozialen Disziplinierung findet unter Einübung demokratischer Bürgertugenden. Ashok Mehta, der Chef der Planungskommission, hatte gelassen oder gelangweilt, schlafend oder meditierend den Diskussionsrednern das Wort erteilt. Er half dem europäischen Besucher, seine Indien-Romantik abzustreifen und die Sehnsucht der Deutschen nach Indien, die es seit der Goethezeit gibt, realistisch zu fundieren. Er sprach es aus: Realität ist vorläufig in Indien nur, daß die Pläne nicht erfüllt wurden und wohl auch nicht erfüllt werden können, solange die nationale Integration und die Bildung der Massen fehlen. Ashok Mehta wußte das genau, aber er hoffte auf die innere Logik ökonomischer Abläufe. Das heißt, er hoffte, wenn man Indien ökonomisch wie eine Industriegesellschaft leitete und behandelte, daß sich die Inder den Gesetzen der Industriegesellschaft entsprechend verhalten würden, daß sie Disziplin, soziale Kontrolle und Verantwortungsbereitschaft entwickelten.

Wer von New Delhi nach Old Delhi geht, umgeben von Händlern und Bettlern, hindurch zwischen Affen- und Schlangenbeschwörern, über den Diebesmarkt vor der Freitagsmoschee in die engen Basarstraßen hinein, mit ihren Sinfonien von Bewegung, Lärm und Gestank, hat es schwer, an die unabwendbare Logik industriegesellschaftlicher Gesetze zu glauben. Denn eines der wichtigsten Gesetze der Industriegesellschaft, das Wachstum der Bildung, hat sich bisher nicht erfüllt.

Auf dem Rückweg machte ich ein paar Tage Station in Rom. Das war eine ganz andere Erfahrung. Indien wuchs vom Lande her, uferte unförmig in Städte aus, ließ jede Perspektive vermissen. Rom war ab urbe condita, Hauch der Geschichte, Auftrag für eine europäische Zukunft.

Nach Bildung der großen Koalition trat die Entwicklungshilfe in eine neue Phase ein. Es wurde ein eigenes Ministerium gebildet. Walter Scheel wurde Minister und förderte mit seiner Entwicklungspolitik vor allem auch die Bildungsentwicklung in den Ländern der Dritten Welt. Dazu gehörte auch die Erwachsenenbildung. Der Verbandsdirektor des Deutschen Volksverbandes, Helmuth Dolff, war sehr früh mit dem Verband auf der internationalen Bühne aktiv geworden. Schon 1966 stand deshalb der Volkshochschultag unter dem Thema

»weltweite Erwachsenenbildung«. Helmuth Dolff hatte viele Kontakte zu anderen Ländern und war mit seinem verbindlichen Wesen und in seiner Zuverlässigkeit der ideale Brückenbauer. Auf sein Betreiben wurde ein Lehrgang zur Einführung von Lehrern aus afrikanischen Staaten in die Erwachsenenbildung in der Heimvolkshochschule Göhrde eingerichtet. Und kurze Zeit später kam aus dem Entwicklungsministerium die Anregung, so etwas auch für die Länder Mittelamerikas zu schaffen. Einen Ansatz dafür gab es in Costa Rica. Hier hatte ein österreichischer Graf, der auch einen Industriebetrieb in Deutschland betrieb und Walter Scheel gut kannte, vorgeschlagen, ein Institut für Erwachsenenbildung einzurichten. Er war auf abenteuerliche Weise nach Costa Rica gelangt und hatte Jahre zuvor die Tochter eines mehrfachen costaricanischen Präsidenten, die mit ihrem Bruder eine Europareise machte, kennengelernt und geheiratet, aber unter der Bedingung, daß sie mindestens die Hälfte des Jahres in Costa Rica lebten. Er kaufte deshalb eine Finca am Iracu, in erster Linie nicht, um sie zu bewirtschaften, sondern um den vom Aussterben bedrohten Vogel Quetzal, das Wappentier Guatemalas, zu beobachten und ein Buch darüber zu schreiben. Dabei lernte er die costaricanischen Kleinbauern kennen und entwickelte ein Bildungskonzept für sie, das von ihren Lebensverhältnissen bestimmt war. Er war in seinem Bewußtsein stark jugendbewegt und ein bißchen sentimental-romantisch. Um dieses Konzept zu entwickeln und vor allem, um es in eine Rundfunkschule umzusetzen, gründete er das ICQ und die Escuela para todos (Schule für alle). Das Transistorradio war ja bis in den Busch hinein verbreitet, und ich sah selbst Gruppen von Kleinbauern vor dem Radio sitzen, um die Sendungen der Escuela para todos zu hören. Jede Woche wurden Hörerfragen beantwortet. Sehr zum Kummer des Erfinders dieser Rundfunkschule betrafen sie nicht den Lebensalltag und die Lebensumstände der Bewohner, sondern sehr abseitige und spektakuläre Themen wie etwa: Welches ist der höchste Berg der Erde? Wie lang ist die längste Schlange der Welt? Oder – besonders wichtig für Bewohner der Äquatorregion – wie begraben die Eskimos ihre Toten?
Graf Thun merkte bald, daß man auch für diese Arbeit gut ausgebildete Lehrer braucht. So entstand der Plan zur Ausbildung von Lehrern, aus allen mittelamerikanischen Staaten, einschließlich Mexiko im

Norden und Venezuela und Kolumbien im Süden, ein Seminar einzurichten, ähnlich wie das in der Göhrde, dieses Mal in Rendsburg gelegen. Ich fuhr als Direktor der Heimvolkshochschule Rendsburg und in der Funktion als Vorsitzender des Deutschen Volkshochschulverbandes nach Costa Rica, um die ersten Teilnehmer auszusuchen, und später noch einmal, um einige von ihnen an ihrem jeweiligen Arbeitsplatz in einem der mittelamerikanischen Staaten zu erleben. Hier bekam ich engen freundschaftlichen Kontakt zu dem österreichischen Grafen Roderich Thun, seiner Frau Manuela und der ganzen Familie, die einen wesentlichen Anteil an der costaricanischen Gesellschaft hatte. Auch bei diesen Besuchen, die mich in alle mittelamerikanischen Länder und nach Mexiko, Venezuela und Kolumbien führten, schrieb ich Tagebücher, die unter dem Titel »Karibische Notizen« veröffentlicht wurden. Darin heißt es:

»Hier vom Hochplateau von San José nach Westen zeigt Costa Rica sein eigentliches Gesicht, wie eine große Schrebergartenkolonie ist das. Jeder hat sein leichtes Haus aus Holz auf Pfählen errichtet, damit die Schweine darunter Platz haben, und seine Bananenstauden und Kaffeepflanzen, eben genug um bei der United Fruits ein paar Escudos dafür einzutauschen und beim Beneficio einen ständigen Anteil für die Kaffeeverwertung zu haben. Natürlich haben manche weniger, aber es bleiben immer noch ein paar Bananen und eine Handvoll selbstgebauten trockenen Reises. Keiner muß hier verhungern. So wenig wie in den anderen mittelamerikanischen Ländern. Nur Effektives fehlt, wenn man mit europäischen Maßstäben mißt. Costa Rica ist stolz darauf, daß 75 Prozent aller landwirtschaftlichen Betriebe von Eigentümern bewirtschaftet werden. Aber 30 Prozent aller landwirtschaftlichen Betriebe sind Kleinstbetriebe unter 3,5 Hektar. Etwa 30 Prozent der Bauern bebauen nur 1,3 Prozent der landwirtschaftlich genutzten Bodenfläche. In Costa Rica herrscht eine merkwürdige Gesellschaftsstruktur, in der zwar der vorhandene Kleinbesitz ein gewisses Maß an Stabilität garantiert, in der der ziemlich breitgestreute Mittelbesitz sogar die Bildung eines Mittelstandes ermöglicht, eine Gesellschaft, in der es andererseits keine großen maßstabsetzenden Leistungen gibt. Alles ist provinziell schrebergarteneng.«
Und an anderer Stelle der Notizen:
»Rings um den Vulkan herum sind die Fincas verwüstet. Unfruchtbar

für mindestens 15 Jahre. Die Regierung hat Notprogramme eingerichtet. Von den USA her sind Hilfsmaßnahmen durchgeführt. Tausende von Farmern und Fincabesitzern haben ihren Besitz und ihre Arbeit verloren. Durch die Siedlungsprogramme der Regierung und der zentralen Wohnungsbaugenossenschaft haben sie neues Obdach gefunden. Wird die ständige Herausforderung des Vulkans den Industrialisierungsprozeß in diesem Teil der Erde beschleunigen? Denn der Irazú ist die einzige wirkliche Herausforderung in diesem Land. Weil die Sonne schwach milchig durch den Schwefeldunst schimmert hier oben, muß ich an die gestrige Fahrt nach Punta Renas denken. Paradies ohne Probleme. Hier haben die Angehörigen der High Society von Costa Rica ihre Luxusvillen mit großen luftigen Hallen, mit Swimming-pools. Hierher wird man eingeladen, wenn man dazugehören will. Und in den Strandhallen und Musikpavillons vergnügen sich die kleinen Leute, die alle nicht verhungern, weil es Bananen und Kokosnüsse gibt. Und die Matrosen tanzen in den Strandhallen, ihre Mädchen kommen aus San José. Die 'Johanna Schulte' aus Hamburg hatte Mühe, ihre Matrosen zur Abfahrt einzusammeln.
Und an den Strandhallen vorbei und durch den Lärm der Musik hindurch bewegt sich ein Trauerzug. Ein grauer Sarg, wie von Lava hergestellt, von kräftigen Männern getragen, ohne Feierlichkeit, die Männer in bunten Hemden, im offenen Troyer, die Frauen ein bißchen erregt von der Sensation des Begräbnisses. Drei Kinder tragen Papierkränze vorweg. Vielleicht liegt ihre Mutter oder ihr Vater in dem Sarg. Sie wirken als einzige steif und feierlich. Der Segen des Priesters, die Zeremonie ist vorbei. Die Leute zerstreuen sich, einige gehen in die Tanzlokale. Die Kinder reißen die bunten Papierblumen von den kranzähnlichen Blechgestellen, schmücken sich mit den Blumen, werfen sie in die Luft.«
An all das mußte ich denken, als ich wieder am Kraterrand des Irazú stand. Was ist der Tod für diese Menschen? Unfaßliches Ereignis nur für die nächsten Angehörigen und nur in der Stunde des Sterbens selber überwältigend. Dann ist das Gestorbensein nur noch Sensation. Geschäft in der Geschäftigkeit der Gesellschaft. Ob das Klima, der gleichmäßige Rhythmus der Tage, der Jahre dieses merkwürdige Verhältnis zum Tode bestimmt? Hier gibt es Sterben ohne November, ohne die klamme Kälte feuchter Nebeltage, ohne Düsternis des Win-

ters. Hier gibt es Leben ohne Vorsorge. Und hier bestimmt sich das Verhältnis zum Leben und zum Tode, anders als vor den Herausforderungen unserer alten europäischen Welt. Der Vulkan ist das einzige Risiko dieses Landes. Der Vulkan, dessen Ausbruch ungewiß ist, schlafende Herausforderung vielleicht auch in den Seelen der Menschheit.

Mexiko. Die Universität ist wohl das wichtigste Symbol für den Fortschritt des Landes mit ihren 80 000 Studenten, ihren bedeutsamen wissenschaftlichen Leistungen, ihrer aufregenden Architektur, in der die indianische Vergangenheit lebt und die Zukunft schon begonnen hat. Aber um die Universität herum überträgt sich der neue Lebensstil in den Alltag hinein. Mit dem Bau der Neustadt glückte eine Wohnarchitektur, wie sie in dieser Vollkommenheit nicht einmal in Skandinavien zu finden ist. Die Häuser sind in das alte Ausstoßgebiet eines nun erloschenen Vulkans hineingewachsen. Lava ist Bau- und Gestaltungselement geworden. Der Vulkan ist in Form und Lebensstil bewältigt, einbezogen in das Lebensgefüge der Menschen. Das scheint das Charakteristikum für Mexiko zu sein. Der Vulkan einer revolutionsreichen Herkunft ist genutzt, besiegt und gestaltet. Nirgends wird das deutlicher als in dem Museum für Anthropologie. In diesem Museum mit dem nüchternen wissenschaftlichen Namen stellt sich Mexiko gleichermaßen seiner Vergangenheit und seiner Zukunft. Die grandiosen Zeugnisse der Maya- und Inkakultur sind hier zusammengetragen. Die Lebensweise der verschiedenen Indianerstämme an Überliefertem dargestellt. So etwas gibt es in kleinerem Maßstab auch im Britischen Museum in London. Ja selbst im Völkerkundemuseum in Berlin-Dahlem. Aber wie es hier in Mexiko gestaltet wurde, ist einmalig. In einem Bau von sparsamster und zugleich großzügigster Architektur reckt sich ein Lavabaum, aus dem es regnet, Zentrum des Museums, Bild des erloschenen, nun fruchtbarkeitsspendenden Vulkans.

Auch bei diesen Reisen mache ich jeweils auf dem Rückweg in New York oder Miami Station. Das Gegenbild. Eine immer rasantere sich entwickelnde Gesellschaft. Ich schrieb in mein Tagebuch:

»Die große Halle im Hotel 'New Yorker' ist gewiß nicht die eleganteste in dieser Riesenstadt, wohl aber die mit der höchsten Geschäftigkeit. Durch drei Türflächen strömen die Leute herein und heraus, treffen sich mit Hotelgästen, verhandeln in Geschäften, machen Appointments an den Schaltern, Bild der totalen Unverbindlichkeit. Wer allein ist, ist wirklich allein. Unter unzähligen geschäftigen Menschen Glied der einsamen Masse.

Dann der Gang durch die nächtliche Stadt, durch die fast kleinstädtischen Straßen mit Lindenbestand, durch die das Laternenlicht romantisch schimmert, durch die zweite und dritte Avenue, Sanierungsgebiet in der New Yorker Stadtplanung, durch die Halle des Waldorf Astoria Hotels zum Rockefeller Center, vorbei am Broadway, an den Kinos der 42. Straße. Sex and Crime-Reklame, dazwischen Leisers Hitler-Film in der 32. Woche. Am Varieté Latin Cartier warten Leute auf Stars, um die 8. Avenue herum schwanken angetrunkene schwarze und weiße Mädchen. Wir nehmen unseren letzten Whisky in einer Bar mit heißer Musik und Lärm und drei Mädchen im Trikot, die hinter dem Bartisch zu wilder Musik in merkwürdig monotonen Bewegungen tanzen, sterile Stimulanz einer totalen Konsumgesellschaft.«

Mit Beginn der sozialliberalen Regierung 1969 wurde die neue Außenpolitik konzipiert, in deren Zentrum die Öffnung nach Osten stand. Diesmal baten Beamte des Auswärtigen Amtes den Deutschen Volkshochschulverband, wenn möglich, Kontakte mit entsprechenden Organisationen in den osteuropäischen Ländern zu knüpfen, dabei Austauschverträge abzuschließen und für den Bereich Erwachsenenbildung Kulturverträge vorbereiten zu helfen. Wir hatten dafür im Deutschen Volkshochschulverband eine gute Ausgangsbasis. Seit Mitte der fünfziger Jahre betrieb der österreichische Volkshochschulband eine eigene Tagungsstätte in der Nähe von Salzburg. Der DVV hatte enge Kontakte zum ÖVV. Der Generalsekretär des österreichischen Verbandes, Wolfgang Speiser, nahm regelmäßig an den Mitgliederversammlungen des DVV teil, und die führenden Kollegen des DVV wurde zu vielen Veranstaltungen, vor allem Fortbildungsveranstaltungen, nach Österreich eingeladen. Ende der fünfziger Jahre richtete nun der ÖVV im Haus Rief bei Salzburg die internationalen Leitergespräche für Leiter in der Erwachsenenbildung ein. Sie wurden schnell sehr gut besucht. Ein Aufenthalt in der Nähe von Salzburg war immer reizvoll. Und die Beiträge, die eigentlich jeder Teilnehmer in Form von Kurzreferaten zu leisten hatte, waren meist informierend und anregend. Herbert Grau aus Linz, der Pädagoge des Österreichischen Verbandes und sein wichtigster internationaler Sprecher, leitete die Veranstaltung souverän und war anfangs nicht nur Moderator, sondern auch Dolmetscher. Später übernahm Wolfgang Speiser die Leitung und brachte den ganzen Wiener Charme und die unverwechselbare Liebenswürdigkeit neben großer Sachkunde und Erfahrung in die Veranstaltung.

Ab etwa 1960 nahmen auch Kollegen aus den osteuropäischen Ländern an den Gesprächen teil. Zunächst aus dem damaligen Jugoslawien, bald danach aus Polen, Ungarn, der Tschechoslowakei und Rumänien. Ich hatte schon persönlich so weitgehende Kontakte zu osteuropäischen Kollegen, daß ich Mitte der sechziger Jahre schon eine Wochenend-Seminarreihe in Rendsburg mit Referenten aus Polen, Jugoslawien, Ungarn und der Tschechoslowakei veranstalten konnte. Wolfgang Speiser berichtete über seine Eindrücke in der Sowjetunion.

Das also war die gute Voraussetzung zur Erfüllung des Auftrags des Auswärtigen Amtes, der auch ganz auf der Linie im Interesse der deutschen Volkshochschulen lag.

Wir begannen unsere Gespräche in Belgrad, Zagreb und Ljubljana. Das war ja noch außerhalb des eigentlichen Ostblocks. Uns waren die Erfahrungen, die das damalige Jugoslawien mit dem sogenannten dritten Weg gemacht hatte, besonders wichtig, und für unseren Bereich die gesellschaftliche Öffnung der Universitäten. Leider brach ja alles nach dem Tod Titos zusammen, und alle Ansätze erstickten in dem nun schon fünf Jahre währenden Krieg.

Die Brücke zu Polen, Ungarn und der Sowjetunion hatte der Auslandsreferent des Deutschen Volksschulverbandes, Walter Ebbighausen, vorbereitet. Er hatte schon von seiner Dienststelle in Hannover, der Landeszentrale für politische Bildung, Ostblockreisen, vor allem nach Polen, unternommen. Er wurde nun mein ständiger Reisebegleiter und enger Freund und Vertrauter. Ich verdanke seiner kenntnisreichen Vorbereitung viel und mehr noch seiner behutsamen, einfühlsamen Hilfe bei den ja zum Teil schwierigen Gesprächen. Besonders in Polen waren wir viele Male.

Zu den führenden Funktionären unserer polnischen Partnerorganisation TWP entwickelten sich dabei freundschaftliche Kontakte, obgleich sie oft auch herausgehobene Positionen in den Gremien der Partei innehatten. August Waida, mit dem ich besonders verbunden war, war nach seiner Tätigkeit bei der TWP Präsident der Marx-Lenin-Akademie in Warschau und Mitglied des Politbüros.

Zwei Ereignisse haben sich mir unauslöschlich eingeprägt: Bei einer der großen Rundreisen durch Polen, ich habe innerhalb von 15 Jahren außer Breslau wohl alle wichtigen Städte kennengelernt, besuchten wir Auschwitz, das Museum, wie die Polen sagen. Es war an einem trüben, grauen, naßkalten Novembertag. Man kann das Grauen nicht beschreiben, das einen dort erfaßt. Wir haben stundenlang geweint und bis zum Abend fast nichts gesprochen. Unser polnischer Begleiter, dessen ganze Familie in Auschwitz ermordet wurde, tröstete uns. Die polnischen Kollegen hatten den Tagesablauf buchstäblich komponiert. Am Abend waren wir mit führenden Persönlichkeiten aus Oppeln in einer Försterei eingeladen. Die Tafel war reichlich gedeckt, der Wodka floß mehr als verträglich. Alle sprachen sie deutsch mit uns. Am anderen Tag wußten wir, auch hier ist Europa, und der Eiserne Vorhang ist bei gutem Willen und bei Toleranz durchlässig.

Das andere Ereignis war ganz andere Art. Hier leitete ich eine Delegation des Bundesarbeitskreises Arbeit und Leben. Ich hatte sehr früh versucht, Arbeit und Leben in die osteuropäischen Kontakte einzubeziehen. Zunächst gegen den erbitterten Widerstand der Gewerkschaften. Im Falle Jugoslawiens sprangen sie dann zum ersten Mal über ihren Schatten.

Ab Mitte 1970 hatten sie sich auch an die neue Ostpolitik gewöhnt und sich in sie eingeordnet. Wir besuchten 1981 Warschau, um sowohl die alten Branchengewerkschaften wie auch Solidarnosc kennenzulernen. Unser Tag bei Solidarnosc lag zwei Tage vor der Erklärung des Kriegsrechtes, und ich habe noch nie soviel Chaos an einem Tag mit so vielen Menschen erlebt wie im Warschauer Hauptquartier von Solidarnosc. Aber eigentlich spiegelte das nur die allgemeine Aufgeregtheit der Bevölkerung wider, die uns auf der Straße, im Hotel, ja selbst in den Museen ansprachen. Am Abend traf ich mich mit meinem Freund August Waida. Er kam gerade aus der Sitzung der ZK und deutete an, daß dem Staatspräsidenten gar nichts anderes übrig bliebe, als das Kriegsrecht zu erklären, um den Einmarsch der sowjetischen Truppen zu verhindern. Er wurde dafür von der Weltöffentlichkeit fast geächtet. Heute weiß man, daß er unberechenbare Opfer seines Volkes verhindert hat. An der gewiß nicht sympathischen Gestalt Jaruzelskis habe ich gelernt, was bei einem Staatsmann Grenzsituation bedeutet. Für die Zusammenarbeit mit den Ostblockstaaten war es zunehmend wichtig, einen Kontakt zu einer Erwachsenenbildungsorganisation in der Sowjetunion herzustellen. Das war die Organisation Znanie, die mit einem unionsweiten Netz von Vortragsorganisationen, Volksuniversitäten, Betriebshochschulen und einem großen Verlag das Monopol für Erwachsenenbildung in der Sowjetunion besaß. Ich hatte führende Vertreter der Organisation schon bei UNESCO-Veranstaltungen getroffen. Und 1974 war eine erste Delegation als Gast des DVV in der Bundesrepublik gewesen. Im November 1975 fuhren Walter Ebbighausen und ich nach Moskau, um einen Kontakt- und Austauschvertrag abzuschließen. Der Text wurde in Bonn zwischen dem DVV, dem Auswärtigen Amt und der sowjetischen Botschaft abgestimmt. Trotzdem dauerten die Verhandlungen in Moskau drei Tage. Das Problem war der Einbezug Berlins. Das Auswärtige Amt und die Kultusministerkonferenz waren daran interessiert, die Länder als die Vertragsschließenden zu nennen. Das schien für die sowjetischen Kollegen unannehmbar. Wir einigten uns auf die Nennung der Landesverbände, das war auch der Landesverband Berlin, den es allerdings nicht gab. Für die sowjetische Seite war das annehmbar. Die Verhandlungen schwankten zwischen sachlichen Verhandlungen und Ritual, wurden immer durch Erfrischungen mit Tee, Krimsekt und Wodka und unzählige ausgiebige Essen mit vielen Reden und noch mehr Wodka unterbrochen. Trotzdem genossen wir die Reise sehr. An den Tagen in Moskau besuchten wir die wichtigsten Punkte. Das Hotel Rossia, in dem wir wohnten, liegt neben dem Kreml. Vom Speisesaal aus war die abendliche Kulisse von Kreml und Roten Platz zu sehen. Auch die Tage in Armenien brachten viele Gespräche, ließen die eigenständige Kultur der Armenier neben viel Kritik an den Russen aufblitzen. Drei Tage in Leningrad beschlossen den Aufenthalt. Trotz aller Unterschiede, war alles, was wir sahen und erlebten, auch ein Stück Europas.

Zehn Jahre danach mußte der Vertrag verlängert werden, kurz nach der Katastrophe von Tschernobyl, etwa zwei Jahre nach dem Amtsantritt Gorbatschows. Das Haus der Znanie, eigentlich ein Haus aus der Zarenzeit, war total renoviert. Die Arbeitsräume des Generalsekretärs waren hell und mit zwei Computern ausgestattet. Den neuen Generalsekretär kannte ich seit langem aus der UNESCO. Er schlug mir vor, auf englisch zu verhandeln. In zwei Stunden waren wir fertig, trotz des Problems Berlin. Bei den offiziellen Essen und Empfängen gab es weder Wodka noch Grusinischen Wein. Wir waren zu Pfingsten in Moskau und Umgebung. Ich war noch nie an einem Pfingstfest in so vielen Kirchen.

Meine langjährigen Beziehungen zur UNESCO kamen meiner Auslandsarbeit für den Verband sehr zugute. Ich war 16 Jahre Mitglied der UNESCO-Kommission, habe an mehreren Generalkonferenzen in Paris und an vielen Fachtagungen teilgenommen. Die Fachtagungen brachten inhaltlich gewiß keine bewegenden Erkenntnisse. Aber die vielen Gespräche mit Kollegen brachten doch viel Aufschluß über andere Formen, Aufgaben und Systeme der Erwachsenenbildung in der Welt. Und die Generalkonferenzen zeigten die ganze Schwierigkeit des internationalen Geschäfts. Da las der sowjetische Delegierte seine Statements ab, und was immer er sagte, der US-Delegierte war dagegen.

Das war anders beim Europarat. Auch hier gingen die meisten Verhandlungen schleppend, aber alle Beteiligten waren doch auf Ergebnisse ausgerichtet. Ich vertrat sieben Jahre die Kultusministerkonferenz im Ausschuß für Erwachsenenbildung und allgemeine Kulturarbeit, davon zwei Wahlperioden, das heißt vier Jahre, als Vorsitzender. Die skandinavischen Kollegen hatten mich das erste Mal vorgeschlagen und die britischen das zweite Mal. Die Skandinavier hatten sogar vorgeschlagen, Deutsch als Verhandlungssprache einzuführen. Das war inzwischen offiziell erlaubt. In diesem Ausschuß wurden mehrere wichtige grundlegende Dokumente erstellt. Besonders die Schrift über Permanent Education und das europäische Zertifikatsnetz, das heute zu der wichtigsten internationalen Aufgabe des DVV gehört. Als Vorsitzender des Ausschusses war ich auch Mitglied des Hauptausschusses des Council for Cultural Cooperation (CCC) und an der Neustrukturierung des Gesamtarbeit beteiligt. Herbert Jocher und Nikolaus Sombart waren meine Partner im Beamtenapparat. Besonders mit Lionel de Roulet verband mich nach anfänglichen Schwierigkeiten eine enge Beziehung. Ich war oft in seinem Hause in einem Dorf außerhalb Straßburgs zu Gast. Seine Frau, eine Schwester Simone de Beauvoirs, war Malerin und Objektkünstlerin. Er war Schüler

Jean-Paul Sartres gewesen und der erste, der bei ihm promoviert hatte. In seinem Haus lernte ich auch Vertreter des französischen europäischen Geisteslebens kennen. Straßburg, das Elsaß, die Gespräche in Paris bleiben für mich und meine Familie tief in unserer Erinnerung. Eine unvergleichbare Reise in meinem Leben machte ich kurze Zeit nach dem Sieben-Tage-Krieg nach Israel. Wieder hatte Walter Ebbighausen sie vorbereitet und leitete sie kenntnisreich und behutsam. Er war viele Male in Israel gewesen, gehörte schon fast dazu, kannte alle Interessen und Empfindlichkeiten der Israeli. Natürlich gab es viel, auch mit anderen Ländern Vergleichbares, zu bewundern. Wir besuchten das moderne Haifa und das Amphitheater in Cäsarea, in dem schon Pontius Pilatus gesessen hatte. Viele Jahre nach meinem Besuch gab es hier Ballettaufführungen des Stuttgarter Theaters, die von meinem Sohn technisch betreut wurden. Wir sahen das städtebaulich häßliche Tel Aviv, Beth Berl, dieses Kombinat von Universität, Erwachsenenbildungsstätte und Kibbuz, Beersheba, diese moderne dynamische Stadt in der Wüste mit einer noch dynamischeren Stadträtin für Kultur und mit Kamelen auf dem Markt.

Die Einrichtungen der Erwachsenenbildung waren ähnlich unseren Volkshochschulen. In Tel Aviv gab es allein sieben Kurse, die sich mit der Bibel beschäftigten. Wir lernten israelisch-arabische Kulturhäuser kennen und Erwachsenenbildung in der Armee mit Lehrerinnen, die wohl bei einem Schönheitswettbewerb ausgesucht worden sein mußten. Ich hielt auf dieser Reise zwei Vorträge, einen im deutschen Kulturinstitut in Tel Aviv, das von einem deutschen Schriftsteller, Kai Hoff, geleitet wurde, den ich vom Studium her kannte, einen weiteren über deutsche Erwachsenenbildung im Martin-Buber-Institut der Universität in Jerusalem.

Aber das mit jeder Reise in anderen Teile der Welt Unvergleichbare, waren Jericho, Hebron und Jerusalem. In Jericho, der ältesten Stadt der Welt, die Anlaß zu vielen Kriegen war und unter dem Meeresspiegel liegt, hörte man beinahe die Posaunen blasen und die Mauern fallen. Anders in Hebron. Wir durften wegen der israelisch-palästinensischen Unruhen nicht aus den Fahrzeugen steigen, aber doch begegneten mir Abraham, Isaak und Jacob und der unsichtbare Gott, der hier zum ersten Mal gedacht und geglaubt und angebetet wurde. Und schließlich Jerusalem mit dem Tempel, zuletzt um 100 n. Chr.

von den Römern im Jüdischen Krieg zerstört, aber immer noch der Tempel Davids, mit der Via Dolorosa und den Kreuzwegstationen, dem Ölberg und dem Garten Gethsemane. Das alles berührte eine andere Schicht meiner Existenz, die ein Teil meines Lebens bildet und außerhalb jeder akademischen Erfahrung steht. Betrifft mich eben. Aus häufiger Bibellektüre sind mir die Zeilen gegenwärtig: »Da kam Jesus mit ihnen zu einem Garten, der hieß Gethsemane, und sprach zu den Jüngern, setzt euch hier, solange ich dort hingehe und bete. Und er nahm mit sich Petrus und die zwei Söhne des Cebedeus und fing an zu trauern und zu zagen. Da sprach Jesus zu ihnen, meine Seele ist betrübt bis in den Tod, bleibt hier und wacht mit mir. Und er ging allmählich weiter, fiel nieder auf sein Angesicht und betete und sprach: Mein Vater ist's möglich, so gehe dieser Kelch an mir vorüber, doch nicht wie ich will, sondern wie Du willst. Und er kam zu seinen Jüngern und fand sie schlafend und sprach zu Petrus: Könnt ihr denn nicht eine Stunde mit mir wachen? Wachet und betet, daß ihr nicht in Anfechtung fallet, der Geist ist willig, aber das Fleisch ist schwach. Zum zweiten Mal ging er wieder hin und betete und sprach: Mein Vater ist's nicht möglich, daß dieser Kelch an mir vorübergehe, ohne daß ich ihn trinke, so geschehe Dein Wille. Und er kam und fand sie abermals schlafend, und ihre Augen waren voller Schlaf. Und er ließ sie und ging abermals hin und betete zum dritten Mal und redete dieselben Worte. Dann kam er zu seinen Jüngern und sprach zu ihnen: Ach, wollt ihr weiterschlafen und ruhen, sieh die Stunde ist da, daß der Menschensohn in die Hände der Sünder überantwortet wird. Steht auf, laßt uns gehen. Siehe, er ist da, der mich verrät.«

Ein unüberhörbarer Zuruf, wenn ich an die Gefährdungen in der Welt denke, die mir ja auch in unserer Auslandsarbeit in besonderer Weise begegnet sind.

Kirche und Glauben

Vor ein paar Monaten legte ich mein letztes kirchliches Laienamt nieder. Ich war 25 Jahre Kirchenvorsteher in der Hauptkirche St. Petri in Hamburg, davon 16 Jahre als Gemeindeältester. Damit war ich zugleich Mitglied des Oberaltenkollegiums, d.h. des Vorstands der Stiftung des Hospitals zum Heiligen Geist. In den letzten Jahren empfand ich das als eine eher belastende Tätigkeit. Falsche Weichenstellungen und Personalentscheidungen, dazu der fortschreitende Sparkurs im Sozialbereich führten zu Schwierigkeiten, aus denen nur eine gründliche neue Struktur der Leitung des Hospitals zum Heiligen Geist herausführen konnte. Wegen meiner allgemeinen organisatorischen Erfahrungen arbeitete ich an der neuen Satzung und der damit verbundenen Neukonstruktion der Arbeit der vom Oberaltenkollegium betreuten Stiftung mit. Zum Abschluß meiner Tätigkeit im Kollegium verfaßte ich ein Buch über die Geschichte der Hamburger Oberalten, die eine in Deutschland einmalige, bemerkenswerte Einrichtung in der Kirchenverfassung Bugenhagens darstellt, in der sie seit 1529 verankert ist, und die zugleich bis 1860 Staatsverfassung war. Meine Erfahrungen im Kirchenvorstand faßte ich in einer Predigt am 8. Januar 1995 unter dem Thema »tempus fugit« kurz zusammen: »Es ging also vor 25 Jahren los, das war 1969. 1968 schwang hinein in die 69er und 70er Jahre. Das war ein außerordentlich heterogener Kirchenvorstand der damals zusammengekommen war. Auch der 68er Geist spielte bei dem einen und anderen eine gewisse Rolle, und wieder andere waren mehr konservativ, und es gab auch liberale Kräfte. Wir hatten einige Zeit zu tun, um zusammenzukommen zu einem halbwegs geschlossenen Kirchenvorstand. Dies war auch notwendig, denn nach einiger Zeit kamen die Kirchenbesetzungen, die auch manche von Ihnen in dieser Kirche erlebt haben. Dann kam ein

Wechsel im Hauptpastorat, dann kam die kritische Auseinandersetzung mit einer Gruppe der Charismatiker, insbesondere mit Wolfram Kopfermann selbst. Auch etwas, was den Kirchenvorstand sehr beschäftigt, sehr umgetrieben, sehr auseinander gerissen hat. Fast. Danach kam eine Zeit der, wie ich das gerne nannte, versöhnten Verschiedenheit. Es brechen dann wieder neue Konflikte auf. Man sieht sehr deutlich, ein solcher Kirchenvorstand über 25 Jahre, das ist wie die Gesellschaft über 25 Jahre. Daß wir jetzt manchmal in Situationen stehen, von denen wir nicht recht wissen, wie es denn so weitergehen soll. Das betrifft ja auch diese Gesellschaft. Und das betrifft die Welt insgesamt. Selten habe ich in meinem Leben, in meinem bewußten Leben, so viel Ratlosigkeit in Hinblick auf die Zukunft erlebt, wie gegenwärtig.«

Mein Kirchenvorsteheramt war die Voraussetzung für meine zwei wichtigsten kirchlichen Ämter. Ich war seit 1975 Mitglied der Kirchenkreissynode und von 1975 bis 1985 ihr Vorsitzender. Ich war seit dem Beginn der Arbeit der nordelbischen Kirche Mitglied der Synode, rund 14 Jahre ihr Vizepräsident. Ich lernte die Kirche also von innen kennen und verstand mein Engagement eigentlich mehr als eine gesellschaftliche denn als eine theologische Aufgabe. Es hing für mich auch immer mit meinem Beruf zusammen. Denn die Volkshochschule hatte ja immer die Aufgabe der Legitimation und der Präsenz in der Gesellschaft und die Verpflichtung, Aufklärung zu betreiben.

Ich lernte in der Kirche viele großartige Menschen kennen, die sich mit Hingabe für eine Sache und einen Dienst, der zugleich mit ihrem Glauben zu tun hatte, engagierten. Ich lernte auch mindestens so viele Intriganten wie in der übrigen Gesellschaft kennen, nur daß sie ihre Intrigen mit viel triefender Brüderlichkeit tarnten, den Judaskuß und den Hahnenschrei Petris gibt es bis heute. Aber eben auch die Bereitschaft zum selbstlosen Dienst in der Nachfolge Christi, das unverlierbare Kapital und Potential der Kirche.

In meinem Elternhaus hatte die Kirche keinen Platz, sie stieß auf entschiedene Ablehnung. Trotzdem trat mein Vater erst aus der Kirche aus, als er als Rentner keine Kirchensteuern mehr zu zahlen hatte. Er war eben ein Gesinnungstäter. Aber auch in Gesellschaft und Schule kam die Kirche in der Zeit meiner Kindheit und Jugend nicht vor. Anders war es mit dem Glauben. Jemand, vielleicht war es meine

Mutter, vielleicht war auch meine Großmutter, muß mir in der Kindheit viele biblische Geschichten erzählt haben. Die Gestalten der Bibel, Adam und Eva, Kain und Abel, Noah und seine Arche, Abraham, Jacob und Moses, aber auch Jesus und die Jünger haben durch mein ganzes Leben hindurch meine Phantasie bevölkert. Trotz aller Kirchengegnerschaft war das, was ich das religiöse Organ nenne, besonders entwickelt. In den ersten Klassen der Hebbelschule lasen wir das Markusevangelium, wahrscheinlich eine starke Anregung für meinen späteren christlichen Glauben und mein christliches Denken. Deshalb erschien mir am Ende des Krieges, in der Kriegsgefangenschaft, auch der Pastor als eine berufliche Möglichkeit für mich. In meinem Studium verfolgte ich diesen Weg nicht weiter, aber ich lernte in fast zehn Semestern Exegese alle Evangelien kennen.

Manchmal ging ich in die Gottesdienste der Studentengemeinde und nahm an ihren anderen Veranstaltungen und Freizeiten teil. Der Kieler Studentenpfarrer, Heinz Zahrnt, faszinierte mich. Er begleitete mich nicht nur in dieser Zeit, sondern in seinen Büchern und seinen Artikeln im »Sonntagsblatt« theologisch durch mein Leben.

Gelegentlich besuchte ich auch die Gottesdienste in der Pauluskirche in Düsternbrook. Hier predigte Paul Husfeld, wohl der eindrucksvollste Prediger in Kiel. Aber nicht frei vom Hang, die Kanzel mit der Bühne zu verwechseln. Aber ich schloß mich an keine Gemeinde in Kiel an. Ich verhielt mich eher wie ein ständiger Kirchentagsbesucher. Ich suchte die theologische Anregung und vermied die Bindung. Das blieb auch so, als ich nach Rendsburg wechselte.

In der Heimvolkshochschule unterhielt die Kirche viele Jahre eine Pastorenstelle. Kurz vor meinem Dienstantritt war dieser kirchliche Dienst schon eingestellt. Ich war nicht unglücklich darüber, obgleich einige der Heimvolkshochschulpastoren bemerkenswerte Persönlichkeiten waren. So der spätere Kieler Propst Kraft, einer der bekanntesten und einflußreichsten Pastoren in Schleswig-Holstein, und der spätere Volksdorfer Pastor Fröhlich, der in der Heimvolkshochschule für Rendsburg eine umfangreiche musikalische Gemeinde aufbaute, die allmonatlich beschwingt Mozart und verzückt Schubert hörte.

Zu meiner Zeit war die schleswig-holsteinische Landeskirche im Kuratorium der Heimvolkshochschule durch den jeweiligen schleswig-holsteinischen Diakoniepastor vertreten, der seinen Sitz im Martinshaus, d.h. neben der Heimvolkshochschule hatte. Das war in den ersten zwei Jahren Alfred Petersen, später Propst in Husum und Bischof in Schleswig, der eigentliche Begründer Nordelbiens. Wir hatten viele Jahre freundschaftlichen Kontakt.

Später war es Johannes Schröder, zu dem sich ein besonders enges Verhältnis entwickelte. Er war der »Stalingradpastor« gewesen und als Mitglied des Komitees Freies Deutschland in die Gefangenschaft gegangen. Angehörige der Mitglieder des Komitees wurden von den Nazis verfolgt. So mußte seine Frau sich schließlich scheiden lassen, um der Sippenhaft zu entgehen und die Kinder zu retten. Nach seiner Rückkehr aus Sibirien heirateten die beiden erneut. Mit Johannes Schröder machte ich jede Woche einen langen Spaziergang am Kanal und an der Eider. Bei ihm lernte ich Glauben und religiöse Erfahrungen als Gemeinschaftserfahrungen zu verstehen. Oft stieß auch Erik Wilkens, Bibliotheksdirektor für Holstein und mein Nachbar, dazu. Er war theologisch sehr gebildet und tief gläubig. Er war Vorsitzender der Propsteisynode und betrieb bald meine Berufung in diese Synode. Später war er jahrelang Pastor auf der Hallig Langeneß. Wir besuchten ziemlich regelmäßig die Gottesdienste, die Johannes Schröder im Gemeindesaal des Martinshaues hielt, aber wir schlossen uns keiner Rendsburger Gemeinde an.

Das änderte sich in Hamburg. Meine Tochter sollte konfirmiert werden, und wir gingen in unsere Parochialgemeinde in der Martin-Luther-Kirche in Alsterdorf. Unsere Söhne wurden Mitglieder der evangelischen Freischar. Aber das war kein enges Gemeindeverhältnis.

Nach einiger Zeit hörte ich mit einem Klub der Oberbeamten der Schulbehörde einen Vortrag in der Hauptkirche St. Petri. Der Hauptpastor, Carl Malsch, sprach über Jugend und Kirche. Ich hatte da mancherlei Kritik, die er auch in Diskussionen nicht ausräumen konnte. So begann zwischen uns ein langes Gespräch, abwechselnd in seiner und meiner Wohnung, das mit meiner Kandidatur 1969 zum Kirchenvorstand endete. Ich wurde gewählt, und dem Charme Carl Malschs gelang es dann, mich zu meinen anderen kirchlichen Ämtern zu bewegen und die, die mich zu wählen hatten, zu meiner Wahl zu überreden. Mit Carl Malsch und seiner Frau verbindet meine Frau und mich bis heute ein enges freundschaftliches Verhältnis. Er ging einen ganz anderen Weg des Glaubens wie ich. Aus einem pietistischen

Elternhaus kommend, entwickelte er sich zu einem liberalen oder besser gesagt offeneren Christentum. Wir stehen jetzt theologisch am gleichen Punkt.

Bei der Beziehung zur Hauptkirche St. Petri irritierte mich zunächst die hochkirchliche Liturgie des Gottesdienstes. Heute finde ich jede reduzierte Liturgie arm und kalt.

Auch der Weg zur konfessionellen Ökumene fiel mir zunächst nicht leicht. Heute ist mir die Mitarbeit in der Katholischen Akademie selbstverständlich. Unüberwindbare Schwierigkeiten habe ich bis heute mit den Charismatikern. Mit dem Kopf dieser Bewegung, Wolfram Kopfermann, der Gemeindepastor in St. Petri war, focht ich 14 Jahre lang heftige Kämpfe aus, bis er schließlich die nordelbische Kirche verließ. Ich hatte eigentlich wenig gegen die charismatische Form der Frömmigkeit und der Heilsarmeegesänge. Das war zwar nicht meine Form der Frömmigkeit und mein Verständnis von Liturgie, aber jeder soll nach seiner Façon selig werden. Was mich empörte, war das »Guruverhalten« des Pastors und die exklusive Ansprüchlichkeit der Gruppe an den Glauben und an andere Christen. Als Wolfram Kopfermann in einem Konfirmationsgottesdienst von der Kanzel verkündete:»Und wenn jetzt unser Herr Jesus Christus hier hereinkäme, würde er keinen von Ihnen annehmen«, war das für mich das Signal für den offenen Kampf. Ich kündigte ihm einen Antrag auf ein Amtsentzugverfahren bei der Kirchenleitung an. Immerhin war ich als Vizepräsident der Synode beratendes Mitglied der Kirchenleitung. Darauf verließ er die Amtskirche, zumal er auch noch bemerkte, daß seine Gefolgschaft bröckelte, und gründete eine eigene Kirche.

Das Angenommensein durch Gott und Jesus Christus war für mich die zentrale Zusage des christlichen Glaubens. Hier gab es für mich keine Abstriche.

Meine Theologie gründete sich ja auf einen zentralen Auftrag meines Lebens: Aufklärung. Glaube und Aufklärung miteinander zu verbinden, war mein Anliegen. Deshalb war Rudolf Bultmanns entmythologisiertes Christentum für mich wichtig und Paul Tillichs Theologie bestimmend für die Richtung meines Glaubens.

Alle Theologen, denen ich persönlich enger und freundschaftlich begegnete, waren von beiden geprägt. Heinz Zahrnt, Carl Malsch, Gunnar von Schlippe, Werner Hörschelmann, aber auch der bedeutendste Theologe der nordelbischen Kirche, vielleicht nicht der zuverlässigste Christ unter ihnen, Hans-Otto Wölber.

Karfreitag und Ostern sind für mich die Grundelemente christlicher Offenbarung. Die Bergpredigt, die ja Freiheit und Verantwortung des Menschen begründet, das Zentrum der Lehre Jesu Christi. Das »euch ist gesagt, ich aber sage euch« setzt die Menschen frei für ihre eigene Verantwortung und sprengt jedes Dogma, bevor es entsteht. Deshalb kann ich so wenig mit Paulus anfangen. Deshalb bleibt mein Verhältnis zur Kirche trotz allen langjährigen Engagements ambivalent. Wie heißt es bei Paul Tillich: »Der Mensch ist dennoch bejaht. Bejaht durch das, was größer ist als Du und dessen Namen Du nicht kennst. Frage jetzt nicht nach dem Namen. Vielleicht wirst Du ihn später finden. Nimm nur dies an, daß Du bejaht bist. Wenn uns das geschieht, dann empfangen wir Gnade. Nach einer solchen Erfahrung werden wir nicht besser sein als zuvor und keinen größeren Glauben haben als zuvor, aber alles ist verwandelt. In diesem Augenblick überwindet die Gnade die Sünde und Versöhnung überbrückt den Abgrund der Entfremdung. Diese Erfahrung erfordert nichts. Sie bedarf keiner Voraussetzung, weder einer religiösen, noch einer moralischen, noch einer intellektuellen. Sie bedarf nichts als nur das Annehmen.« Und Heinz Zahrnt fährt fort: »Nur wie ein Echo auf Gottes Ja ist die Umkehr des Menschen. Wer sich von Gott bejaht weiß, so wie er ist und wie er selbst vielleicht gar nicht sein möchte, bleibt nicht wie er ist, sondern fängt an, sich zu ändern. Die ihm gewährte Gnade befreit ihn zu sich selbst.«

Um Gottes Ja immer wieder zu hören, lese ich nicht nur die täglichen Losungen, sondern auch die Vorschläge für die tägliche Bibellesung. Mit der Bibel halte ich es wie Heinz Zahrnt: »Die Bibel ist für mich mithin nicht die Urkunde der Offenbarung Gottes selbst, sondern die Urkunde des Glaubens von Menschen an Gottes Offenbarung. Was Martin Luther vom Psalter sagt, da siehst du alles, allen Gläubigen ins Herz, das gilt für die Bibel insgesamt. In ihren Zeugnissen hat sich niedergeschlagen, was Menschen als einzelne oder in Gemeinschaft, als Sippe, Kultverband, Volk, Gemeinde oder Kirche mit Gott erfahren haben, allen voran das Eine, den die Kirche als den Christus Gottes bekennt. Gottes Geschichte mit den Menschen, aufbewahrt im Gedächtnis von Menschen, Bruchstücke einer großen Konfession, Zeugnisse einer maßlosen, niemals gestillten Suche nach dem Sinn, das ist für mich die Bibel. Und darum ist sie nun doch nicht nur ein Buch unter Büchern, sondern einer der großen, religiösen Urkunden der Menschheitsgeschichte, das Buch der Christenheit.«

Zum Alten Testament kam ich erst spät. Eigentlich auf dem Umweg über die Literatur. Lion Feuchtwanger und seine Josephus-Trilogie führten mich in die jüdisch-christlich-römische Zeit ein und vermittelten mir übrigens auch Verständnis für die Position des Paulus, ohne daß sie meine Position wurde.

Vor allem aber Thomas Manns Josef-Romane brachten mir das Alte Testament nahe, auch Stefan Heym mit seinem Bericht über David. Seitdem lese ich viel im Alten Testament in der Übersetzung von Buber-Rosenzweig – gelegentlich im Vergleich zu Luther. Aber auch das Bekenntnis des Heiligen Franz ist für mich wichtig: Aller Glaube kommt aus dem Evangelium allein, aus der Gnade allein, aus dem Gebet allein.

Dies alles hatte sich in meiner fast alljährlichen Teilnahme als Vize-Präsident der Nordelbischen Synode an den Synoden lutherischer Kirchen in der ehemaligen DDR besonders zu bewähren, in Schwerin, Greifswald und Dresden. Mich begleitete dabei meist meine Frau. Das war ja nicht nur eine äußere Pflichtübung, sondern das war sozusagen die konkrete Herausforderung und Bewährung meines Glaubens und meines entschiedenen Engagements für die Kirche.

Meine Besuche begannen Ende der siebziger Jahre, d.h. das erste Mal war ich in Schwerin, als die Aktion »Schwerter zu Pflugscharen« der »jungen Gemeinde« ihren ersten Höhepunkt hatte. Hier erlebte ich während der Synode, wie die älteren Synodalen zur Zurückhaltung rieten und jüngere offen ihre Kritik am Regime äußerten. Auf den Kirchentagen im Lutherjahr 1983 wurde die kirchliche Kritik offen geäußert. Ich erlebte die Kundgebung mit etwa 100 000 Teilnehmern im »Großen Garten« in Dresden. Ich habe höchsten Respekt vor dem mutigen Verhalten von führenden Frauen und Männern, auch wenn sie im Umgang mit den Trägern des Regimes nicht immer die Regeln des Kirchenrechts beachteten. Manchen von ihnen bin ich persönlich begegnet. So Präsident Harder in Greifswald, dem Synodalpräsidenten Cislak in Dresden, Bischof Leicht und Frau Schultheiß in Thüringen. Sie alle haben die langjährige Dauerspannung zwischen Staat und Kirche ausgehalten und die Kirche vor wesentlichen Beschädigungen bewahrt. Nur dadurch konnte sie zur Klammer und zum Dach für die Bewegung zur Freiheit werden. Manfred Stolpe war dabei sicher ihr wichtigster Wortführer. Einzelne Synodale aus den Kirchen der ehemaligen DDR waren auch Gast auf unseren Synodaltagungen in Rendsburg und häufig Gäste in unserem Hause. Sicher mußten sie nach ihrer Rückkehr der Stasi berichten. Meine Frau und ich stehen gewiß mit kritischen Bemerkungen über die Bundesregierung und die Gesellschaft der Bundesrepublik in den Akten.

Das Überleben der Kirchen war jedenfalls provisorisch mit der Formel »Kirche im Sozialismus« gesichert. Ich nahm an einigen synodalen Arbeitsgemeinschaften zu diesem Thema teil, oft auch in Verbindung mit Universitäten zu dem Thema »Marxismus und Christentum«. Hier wurden wichtige Ergebnisse zusammengetragen, die auch für die Kirche im vereinigten Deutschland wichtig sein könnten. Leider werden die erarbeiteten Dokumente nach der Vereinigung nicht in die kirchliche Diskussion eingebracht. Um so entschiedener kommt es darauf an, in der gesamten Kirche jetzt eine Erneuerungsbewegung zu entwickeln und von der Bibel her zu glauben. Die Bibel ist weiterhin im Alten Testament und im Neuen Testament für mich die frohe Botschaft, Anstiftung zur Zustimmung zur Welt und zur Freude.

Deshalb zitiere ich am Schluß dieses Abschnitts Paul Tillich über die Freude: »Ewige Freude ist das Ende aller Wege zu Gott. Die Botschaft vieler Religionen ist, daß das Reich Gottes Friede und Freude ist. Es ist auch die Botschaft des Christentums. Aber ewige Freude gewinnen wir nicht, wenn wir an der Oberfläche leben, sondern wir erreichen sie, wenn wir hindurchbrechen durch die Oberfläche und eindringen in die tiefen Schichten unseres Selbst, unserer Welt und Gottes. Der Augenblick, in dem wir die letzte Tiefe unseres Lebens erreichen, ist der Augenblick, in dem wir Freude erfahren, die Ewigkeit in sich hat, die Hoffnung, die nicht zerstört werden kann, und die Wahrheit, auf die Leben und Tod gegründet sind. Denn in der Tiefe ist Wahrheit, in der Tiefe ist Hoffnung und in der Tiefe ist Freude.«

Personen – Theorien – Themen

»Vom Menschen aus« lautet der Titel dieser autobiographischen Aufzeichnungen, und Arbeit an und mit den Menschen stellte sich für mich als Berufs- und Lebensziel in der Kriegsgefangenschaft dar. Umgang mit Menschen war bisher der Inhalt von Leben und Beruf. Höhepunkt menschlicher Erfahrung und Wirken für den Menschen liegen sicher besonders in meiner Rendsburger Zeit. Wie viele Menschen sind durch unsere Kurse, aber auch durch unser Haus gegangen? Glückliche Erlebnisse und Erfahrungen, gewiß auch manche Enttäuschung, vor allem auch manches unbegründete Einschlafen intensiver Kontakte. In Rendsburg war vor allem auch unser eigenes Haus in die Begegnung mit Menschen einbezogen. Wie viele Politiker und Künstler haben bei uns am Tisch gesessen, Kaffee getrunken, sich auf Partys getroffen, auch gefeiert – auch Bürger aus der Stadt und dem Land, Kollegen aus anderen Teilen Deutschlands, vor allem Freunde und Kollegen aus dem Ausland. Unsere Kinder wuchsen mit Menschen auf und begegnen heute anderen Menschen offen und ohne Gehemmtsein. Manchmal war ich am Ende eines intensiven Winterhalbjahrs der Menschen so überdrüssig, daß ich mich für zwei Wochen nach Sylt zurückzog und nur das Allernötigste sprach.
Bezugspunkt für alles und Zentrum meines Lebens war immer meine Frau. In Beruf und Familie, in Ermunterung, Zustimmung und kritischer Korrektur.
Darüber hinaus gab es einzelne Personen, die für mein Leben und meinen Beruf besonders wichtig waren. Manche sind in ihrer Wirkung auf mich und meine Arbeit schon benannt. Mit einigen weiteren war ich darüber hinaus noch enger verbunden. Ich muß »war« sagen, denn bis auf einen leben sie alle nicht mehr. Der erste, der wichtig wurde für mich, war Max Wittmaack. Er wurde als Leiter der Volkshoch-

schule Kiel und vielfältiger Organisator schon erwähnt. Aber er war viel mehr für mich. Zunächst war er eine selbstloser, uneingeschränkter Helfer. Er gewährte mir einen Vertrauensvorschuß, gab mir Arbeitsmöglichkeiten und Aufträge, dankte für jede Erfüllung und machte jede Leistung öffentlich bekannt. Das habe ich in dieser Form und in diesem Maße nie wieder erlebt. Wer schmückt sich nicht gern mit fremden Federn? Das gab es – jedenfalls was mich betrifft – bei Max Wittmaack nicht. Und er ließ mich nie spüren, daß ich ein junger Mann war, 23 Jahre alt, als ich nebenamtlich bei ihm anfing, 25 Jahre, als aus meiner Anstellung eine – zumindest teilweise – hauptamtliche Stelle gebastelt wurde. Ich war von Anfang an ein vollwertiger Partner für ihn.

Max Wittmaack lebte in seinem schweren kämpferischen Leben immer von und für Vertrauen und Freundschaft. Deshalb half ihm ein Freund, dem er selbstlos in der Ausbildung geholfen hatte, auch in der Zeit der schweren Gefährdung seiner Existenz während der NS-Diktatur. Max Wittmaack war für mich ein Mann der zwanziger Jahre, Pazifist und Sozialist wie mein Vater, aber zehn Jahre jünger. Er war 17jährig als Kriegsfreiwilliger in den Krieg gegangen. Das Kriegserlebnis prägte sein Lebensschicksal. Die zwanziger Jahre waren die Szene vieler Begegnungen mit Künstlern und Arbeitern, auch einiger zwielichtiger Begebenheiten. Er steckte voller Geschichten, und er konnte sie spannend erzählen. So um 1950 herum hörten meine Frau und ich, wir waren damals verlobt, aber meine Frau nahm schon an meiner Arbeit aktiv teil, stundenlang atemlos zu, obgleich wir die meisten seiner Geschichten längst kannten, sie gelegentlich sogar durchnumerierten, wir konnten sie immer wieder hören. Aber er war nicht einfach. Er war bei aller offenen Toleranz eckig und kantig, und stand sich selbst und auch anderen oft im Weg, aber er war nie ideologisch eng und ungerecht.

Sein Gegenüber in der Arbeit, Axel Henningsen, war ganz anders und doch in mancher Hinsicht ähnlich. Er wirkte zunächst eher verschlossen und spröde, konnte aber, wenn er zu jemandem Vertrauen gefaßt hatte, was bei ihm oft lange dauerte, herzliche Freundlichkeit ausstrahlen. Er war sowohl ein Mensch des scharfen Verstandes als auch des Gemütes. Für mich verkörperte er zweierlei: die Geschichte der schleswig-holsteinischen Erwachsenenbildung und das schleswig-holsteinische Schicksal. Vielleicht ist ja beides miteinander verbunden. Die Geschichte der Erwachsenenbildung in Schleswig-Holstein – er hat darüber ein Buch geschrieben – bedeutete für ihn in erster Linie die Geschichte der Heimvolkshochschule. Er hatte 1921 die Heimvolkshochschule Rendsburg gemeinsam mit seinem Freunde Pastor Tonnesen unter dem Protektorat des Rendsburger Landrats Theodor Steltzer gegründet. Ihren Stil hatte er entscheidend in den zwanziger Jahren geprägt und die besondere Farbe der Heimvolkshochschule Schleswig-Holsteins im Hohenrodter Bund eingebracht. Bei den beiden großen gesellschaftlichen Gruppen war er nicht unumstritten, wurde aber respektiert: Aber den Bauern war er eigentlich zu rot, den Gewerkschaftern eigentlich zu grün. Von denen, die ihn näher kannten, wurde er fast geliebt.

Schleswig-Holsteins Schicksal, d.h. das Schicksal des Lebens an der Grenze verkörperte er deshalb, weil er in Apenrade, in Nordschleswig geboren wurde und aufwuchs. Sein Vater war deutscher Herkunft, und seine Mutter, die Bestimmende in der Familie, war dänischer Herkunft. Seine Geschwister wurden dänische Handwerker und votierten 1920 für Dänemark, er wurde deutscher Lehrer und votierte für Deutschland. Aber alle blieben eine eng, in geschwisterlicher Liebe verbundene Familie. Er erzählte das oft und beschrieb es auch in seinem Buch »Leben in zwei Kulturen« und setzte sich unermüdlich für einen Ausgleich über die Grenze hinweg ein.

Mir persönlich half er sehr in meinen beruflichen Anfängen, ebnete Wege und vermittelte mir Aufträge. Gemeinsam mit Fritz Blättner plante er eine Art Referendariat für mich. Trotzdem blieb unser Verhältnis immer ambivalent, war von gegenseitigem Respekt geprägt, aber nicht durch Wärme wie im Falle Max Wittmaacks, dem gegenüber er sehr mißtrauisch war. Er wurde über 90 Jahre alt. Zu seinem Jubiläum verfaßte ich einige Beiträge über ihn.

Der dritte in dem schleswig-holsteinischen Kreis war Fritz Laack. Ihm war ich bis zu seinem Tod im Jahre 1990 eng verbunden. Ich lernte ihn 1948 in der Heimvolkshochschule Rendsburg bei Freizeiten der evangelischen Studentengemeinde und Tagungen des Landeskulturverbandes Schleswig-Holstein kennen. Er war ein hoch gewachsener, gut aussehender, souveräner Mann. Man spürte trotz der Vielzahl der Menschen in dieser Schule: Das ist der Chef. Von ehemaligen Schülern und vor allem Schülerinnen hörte ich einige Anekdoten, die in der Mitte der zwanziger Jahre spielten, über ihn. Zu dieser Zeit war er etwa 25 Jahre alt und der Schwarm aller jungen Mädchen. An der Heimvolkshochschule Rendsburg war er von 1925 bis 1927 Lehrer, dann wurde er Geschäftsführer der Deutschen Schule für Volksforschung und Erwachsenenbildung, die Seele des Hohenrodter Bundes. Er war Demokrat aus Überzeugung, aber auch geprägt durch die Jugendbewegung und gewiß ein bißchen beseelt von Sozialromatik. Die NS-Diktatur riß ihn aus der Arbeit. Er verschwand für ein Jahr in Frankreich und arbeitete danach als Justitiar in der Industrie. Nach dem Krieg, 1947, holten ihn ehemalige Lehrgangsteilnehmer nach Rendsburg zurück. Bis 1951 baute er die Heimvolkshochschule wieder auf. Ab 1951 war er Abteilungsleiter für Kultur, damit auch für Erwachsenenbildung zuständig, im Kultusministerium in Kiel.

Schon in den Anfängen meiner Arbeit hatte er mich mit seinen Erfahrungen gefördert, als ich 1955 nach Rendsburg kam, aber er unterstützte mich auch aus dem Regierungsamt heraus und sorgte immer für Verbindungen auch zur Behördenspitze. Vor allem mein enges Verhältnis zu Edo Osterloh, dem schleswig-holsteinischen Kultusminister, ist ihm zu verdanken. Auch in meiner Funktion im DVV war er für mich eine Hilfe und im zuständigen Ausschuß der Kultusministerkonferenz. Schließlich war da unser gemeinsames Interesse an der Geschichte der Erwachsenenbildung. Er hatte ja die Frühperiode der Heimvolkshochschule Rendsburg entdeckt, die Geschichte der Erwachsenenbildung in den zwanziger Jahren aufgearbeitet, war Zeitzeuge für den Neuanfang nach 1945/46.

Ein wirklich enges, freundschaftliches Verhältnis auch zu meiner Frau entwickelte sich jedoch erst in den letzten zehn Jahren seines Lebens. Als ich jünger war, behinderte wohl meine respektvolle Haltung ihm gegenüber eine solche Beziehung. Er war eben der Chef. Damals war er für mich ein Idol. Ich bin dankbar für die zehn Jahre dieser Freundschaft.

Im DVV arbeitete ich mit vielen Kollegen in unterschiedlichen Funktionen zusammen. Mit manchen von ihnen entwickelte sich ein engeres, oft auch ein freundschaftliches Verhältnis.

Wichtig für meine Arbeit im Verband, aber auch für mich persönlich, war die Zusammenarbeit mit zwei Präsidenten, mit Hellmut Becker und mit Dieter Sauberzweig, und einem Verbandsdirektor, Helmuth Dolff.

Hellmut Becker war für den DVV ein Zufall und ein Glücksfall. Die Periode der Arbeitsgemeinschaft der Landesverbände und die erste Zeit der Arbeit des DVV war stark von Vertretern der Weimarer Zeit geprägt: Theodor Bäuerle, Fritz Borinski, Josef Rudolf, Fritz Laack, Heiner Lotze waren in dieser Zeit die bestimmenden Persönlichkeiten. Als 1955 Theodor Bäuerle den dringenden Wunsch äußerte, von seinem Präsidentenamt entbunden zu werden, herrschte zunächst Ratlosigkeit. Es mußte eine Persönlichkeit gefunden werden, die mit der Volkshochschule, jedenfalls mit der Erwachsenenbildung verbunden und in der Öffentlichkeit bekannt war, den Verband repräsentieren konnte und zwischen den Kollegen im Verband eine Vermittlerrolle einnehmen konnte. Adolf Grimme wäre die Idealbesetzung gewesen, aber er stand nicht zur Verfügung.

Hellmut Becker war das alles nicht. Man war zufällig bei Gesprächen auf ihn gekommen. Er hatte gerade sein Buch über die verwaltete Schule veröffentlicht und bei Bildungsfachleuten Aufsehen erregt. Die älteren unter ihnen erinnerten sich an seinen Vater, den preußischen Kultusminister Carl-Heinrich Becker, der für pädagogische Reformen, interessante Versuche im Bildungswesen und eine liberale Kulturpolitik gestanden hatte. Alles, was man von Hellmut Becker wußte, war folgendes: Er war Anwalt und auch der Verfasser kritisch-konstruktiver Schriften im Bildungsbereich. Er hatte Ernst von Weizsäcker im sogenannten Wilhelm-Straßen-Prozeß mit Erfolg verteidigt. Richard von Weizsäcker hatte ihm übrigens dabei assistiert, und er vertrat jetzt, 1955, freie Bildungseinrichtungen wie etwa Landerziehungsheime und wissenschaftliche und kulturelle Institute. Er wohnte in Kressbronn am Bodensee. Schon bei der ersten großen Begegnung trat er sehr offen auf, machte deutlich, daß er, wenn er gewählt würde, den DVV sozusagen zu seiner Klientel zählen würde, daß er aber über Volkshochschulen vorläufig wenig wisse. Lediglich seine Frau habe einige Male bei Inge Scholl in Ulm mitgewirkt. Das alles empfahl ihn nicht, aber er wurde dennoch mit einer knappen Mehrheit gewählt.

Aber schon beim Volkshochschultag im Spätherbst 1956 in Frankfurt am Main bestimmte er die Arbeit und hielt eine viel beachtete Rede.

Damit war er der unumstrittene Präsident des Verbandes. Unumstritten? Fast wäre er bei der nächsten Wahl abgewählt worden, denn er hatte ein spürbar ambivalentes Verhältnis zum Verband und zu manchen seiner Führungskräfte. Allzu kritisch war er jedenfalls mit den Volkshochschulen nach innen umgegangen. Allzuschnell wollte er einige Traditionen, den gewiß bisweilen kleinbürgerlichen Mief an den Volkshochschulen überwinden, kam er doch aus dem Großbürgertum. Beide Großväter waren Bankiers gewesen. Der Vater ein Gelehrter und preußischer Kultusminister. Er war aufgewachsen in der reichen Kultur des Berlins der 20er Jahre. Das alles repräsentierte die Volkshochschule nicht. Aber gerade dieser Anstoß bekam ihr gut. Er mochte junge Leute. Ich war ja einer der jüngsten. 1961 unterstützte er mit Energie meine Wahl zum Vorsitzenden des pädagogischen Ausschusses. Im gleichen Jahr schon vertraute er mir die Leitung des Volkshochschultages an. Zwei Jahre später betrieb er meine Wahl zum Vorsitzenden. Für den Verband war auch das ungewöhnlich. Leiter einer Heimvolkshochschule und kein Parteimitglied? Seitdem arbeiteten wir eng und vertrauensvoll zusammen. Er war inzwischen Direktor des Instituts für Bildungsforschung in der Max-Planck-Gesellschaft in Berlin geworden. Ich besuchte ihn oft zu Hause. Er liebte Besprechungen beim Lever zwischen 7.30 und 8.30 Uhr und beim anschließenden Frühstück. Wir arbeiteten auch in den Gremien des deutschen Bildungsrates und später des Kuratoriums der Pädagogischen Arbeitsstelle zusammen, und ich lernte wieder viel Neues aus den zwanziger Jahren, aus seiner Beziehung zu Frankreich, seine Frau kam aus dem Elsaß. Trotz aller Umtriebigkeit war er ein Familienmensch und hatte fünf Söhne und eine Tochter. Kleine Kinder interessierten ihn sehr.

Aber irgendwo blieb auch ein Vorbehalt. Immer noch schlug gelegentlich der Großbürger durch, wurde mein gewerkschaftliches Engagement belächelt. Das änderte sich, als er mich gemeinsam mit Dieter Sauberzweig überredet hatte, Adolf Grimmes Biographie zu schreiben. Unser freundliches Verhältnis wurde fast zu einer Freundschaft. Seinen achtzigsten Geburtstag mit einer schönen, freundschaftlichen Rede von Richard von Weizsäcker konnte er noch voll erleben. Kurze Zeit darauf starb er zu Hause im Kreise seiner Familie wie ein Patriarch, lebensvoll, aber nicht lebenssatt.

In seinen autobiographischen Gesprächen hatt er gesagt: »Wissen Sie, ich lebe gern.«

1974 gab Hellmut Becker das Amt des Präsidenten des DVV ab. Sein Nachfolger wurde Dieter Sauberzweig.

Sein Verhältnis zu den Volkshochschulen war ganz anders. Unser persönliches Verhältnis war von Anfang an eng und entwickelte sich zu einer Freundschaft, die bis heute währt, denn wir hatten manche Gemeinsamkeit. Wir sind gleichaltrig, er ist fünf Tage älter als ich, wir studierten ähnliche Fächer bei ähnlich ausgerichteten akademischen Lehrern. Beide kamen wir als junge Offiziere aus dem Krieg nach Hause. Dieter Sauberzweig als Flugzeugführer.

Er entstammte einer Offiziersfamilie, hatte in Wien Matura gemacht und war dann mit seiner Familie nach Norddeutschland gekommen. Hier war er zunächst als Landarbeiter tätig und fing dann sein Studium in Hamburg an. Sein Hauptfach war Geschichte. Bei dem bekannten Mediävisten Hermann Aubin schrieb er seine Dissertation über die Frage »Wofür man im Mittelalter Waffen trug«. Eine Fragestellung von unten her, nicht an Feldherrn orientiert, an Siegen und Niederlagen, sondern am Waffenträger, am Soldaten. Auch später hatte ihn das »von unten her« immer wieder beschäftigt. In einigen Vorträgen zitierte er Brechts Gedichtsfragen eines »lesenden Arbeiters«. »Wer baute das siebentorige Theben? Haben die Könige die Felsbrocken herbeigeschafft?« Oder im Hinblick auf die Frage, wie Cäsar die Gallier schlug: »Hatte er nicht wenigstens einen Koch bei sich?« Sauberzweig antwortete: »Was will Brecht damit sagen? Er will uns darauf hinweisen, daß die enormen kulturellen Leistungen aller Epochen und Landschaften nicht nur von Königen und Feldherren, sondern auch und mehr von arbeitenden und kämpfenden Menschen errungen wurden.«

Die Wendung zur Erwachsenenbildung in der Studienzeit in Hamburg ergab sich durch Wilhelm Flitner und Hans Wenke. Hier entstand der Bezug zu einem Bildungsdenken, das wie bei diesen beiden durch den Idealismus der Reformpädagogik geprägt war. Orientiert war es an der neuen Richtung der Erwachsenenbildung der Weimarer Zeit, am Hohenrodter Bund. Zwar wurde es in der Zeit des sogenannten Dritten Reiches in Frage gestellt, aber in der ersten Zeit nach dem Zweiten Weltkrieg wiederaufgenommen und bestätigt. Hier entwickelte sich der kritische Umgang mit all diesen Positionen. Schließlich war Hans Wenke einer der schärfsten Kritiker des Gutachtens des deutschen Ausschusses für das Erziehungs- und Bildungswesen – vor allem in seinen idealistischen Positionen. Kurt Bondi schließlich verstärkte das sozialpsychologische und pädagogische Engagement Dieter Sauberzweigs, das zugleich den Menschen und der Gesellschaft verpflichtet war. Mit Adolf Grimme hatte er eine enge Verbindung in der Studienstiftung des deutschen Volkes gefunden. Grimme war dort seit 1948 Präsident. Sauberzweig trat 1953 in die Studienstiftung zunächst als Referent ein und wurde dann bis 1966 ihr Geschäftsführer.

Dann entwickelte er ein anderes Element seiner vielseitigen Begabung. Als Beigeordneter und dann ständiger Stellvertreter des Hauptgeschäftsführers des Deutschen Städtetages brachte er durch seine Fähigkeit in Organisation und Verwaltung und seine Durchsetzungskraft des für richtig und notwendig Erkannten sein politisches Talent ein. Von 1966 bis 1977 prägte er die Kulturpolitik des Deutschen Städtetages weitgehend, vertrat das Anliegen der Kommunen in der Bildungskommission und in der Regierungskommission des Deutschen Bildungsrates engagiert und nachhaltig und brachte es in die Bund-Länder-Kommission ein. Keine Äußerung des Deutschen Städtetages zur Kulturpolitik und zur allgemeinen Stadtentwicklung aus dieser Zeit, die nicht seine Handschrift trägt.

1966 kam er zum erstenmal auch offiziell mit dem Deutschen Volksschulverband in Berührung. Wir lernten uns auf dem Deutschen Volkshochschultag 1966 in Frankfurt kennen. Weltweite Erwachsenenbildung war ja sein Thema, und auf dem Volkshochschultag wurde deutlich, wie wichtig internationale Beziehungen für die deutschen Volkshochschulen waren, wie sehr sie sich in diesem Bereich engagiert und weltweites Ansehen gefunden hatten. Trotz allem war das eigentlich nicht Sauberzweigs Thema. Er war später als Präsident gewiß kein »Reisepräsident«, aber begleitete auch diesen Bereich der Verbandstätigkeit immer mit kritischem Interesse, förderte ihn und verstand diejenigen, die sich hier mehr engagierten als er selber. Als Dieter Sauberzweig 1970 in den Vorstand des Deutschen Volkshochschulverbandes auf dem Platz des Deutschen Städtetages eintrat und später noch stärker, als er 1974 Präsident des Verbandes wurde, war eine stürmische Entwicklung im Volkshochschulbereich im Gange.

Stürmisch für den Insider, gewiß nur relativ stürmisch für den, der die Entwicklung der Volkshochschule mit der Entwicklung anderer Gesellschaftsbereiche, vor allem aber mit der Wirtschaft verglich. Vor diesem Hintergrund und in dieser Entwicklung hat Dieter Sauberzweig seine Arbeit für und mit dem Deutschen Volkshochschulverband begonnen und fortgeführt, denn hier war ja Neues, Unbekanntes zu entdecken und zu steuern. Hier war auf vielfältige Weise deutlich zu machen, welche Entwicklung sich vollzog. Für Sauberzweig in doppelter Hinsicht nach innen, nämlich gegenüber den kommunalen Spitzenverbänden und den Volkshochschulen, und nach außen gegenüber der Öffentlichkeit. Dieter Sauberzweig hat – und das lag ja auch nahe – die zwei Elemente seiner Tätigkeit, Kommunalpolitik und Volkshochschule, miteinander verbunden. Schon in seinen ersten Reden als Präsident des Deutschen Volkshochschulverbandes sprach er über die Aufgabe der Volkshochschule in der kommunalen Kulturpolitik. Für ihn stellte sie urbane Politik dar, war an Lebensräume gebunden, an gestaltete Regionen, selbstverwaltete Regionen, und er wußte, daß solche Regionen in unserer Entwicklung bedroht sind. Deshalb sei Kulturarbeit wichtig, aber diese Kultur sei Soziokultur, d.h. sie begreift Kunst als ein Medium zur Verständigung und zur Kommunikation. So habe die Volkshochschule mitzuhelfen, Kommunikation zu fördern, Spielräume zu schaffen, Reflexion herauszufordern und damit bloße Anpassung und oberflächliche Ablenkung zu überwinden.

1977 wurde Dieter Sauberzweig Kultursenator in Berlin, ein Amt, das er bis zum Regierungswechsel 1981 innehatte. Die Erwachsenenbildung gehörte nicht zu seinem Ressort, aber er gestaltete Kulturpolitik in Berlin immer vor dem Hintergrund der Erwachsenenbildung. In dieser Zeit begann die große Auseinandersetzung zwischen dem Verständnis der Erwachsenenbildung als Aufklärung oder als Instrument der Qualifizierung. Für Dieter Sauberzweig war deutlich, daß Erwachsenenbildung nicht instrumentalisiert werden dürfe. Er faßte das eindrucksvoll auf dem Volkshochschultag in Mannheim zusammen: »Die Aufgaben und Probleme, vor die in der Zukunft jeder einzelne im beruflichen, persönlichen, politischen oder ökonomischen Bereich gestellt sein wird, sind so vielfältig und schwierig, daß sie ohne Weiterbildung nicht zu lösen sind. Es wäre ein Irrtum zu glauben, daß die Probleme, die nun immer klarer und bedrohlicher für die zukünftige Entwicklung der Menschheit sichtbar werden, allein mit pragmatischen und technokratischen Maßnahmen und Entscheidungen steuerbar sind. Wir stehen an einer Wende, die einerseits ein Umdenken und den Mut zum Verlassen eingefahrener Wege erfordert und die andererseits nicht in die Welt von gestern führen kann und wird.«

Alle diese Aufgaben, das Nachdenken darüber und das gemeinsame Erarbeiten von Lösungsansätzen verbanden uns eng miteinander. Dieter Sauerzweig verkörperte für mich absolute Zuverlässigkeit in der Sache und im Persönlichen, aber auch bei aller Sachlichkeit immer Herzlichkeit und Freundschaft zwischen zwei Menschen ähnlicher Struktur.

Der dritte in diesem Kreise war Helmuth Dolff, der jüngste von uns, 1929 geboren. Im Krieg war er noch Flakhelfer gewesen und von den Wirren der Nachkriegszeit betroffen. Zunächst wurde er Elektriker und war auch später noch stolz auf seinen Facharbeiterbrief. Er machte dann im wirtschaftlichen Treuhand- und Prüfungswesen eine Ausbildung und war als Wirtschaftsprüfer tätig. Er stieß dann 1952 als Nachfolger Walter Ebbighausens zum Landesverband der Volkshochschule Niedersachen und wurde 1954 Geschäftsführer des »Niedersächsischen Bundes für Freie Erwachsenenbildung« in Hannover. Ein Mann, der nicht aus der Pädagogik kam, sondern aus der Wirtschaftspraxis, mit unmittelbaren Erfahrungen der Arbeitswelt am Anfang des deutschen Wirtschaftswunders.

1956 löste er Walter Ebbighausen als Geschäftsführer des DVV in Bonn ab, der als Direktor der Landeszentrale für politische Bildung nach Hannover zurückging. Seine Funktion im DVV begann also mit der Präsidentschaft Hellmut Beckers. Zwischen beiden entwickelte sich nach anfänglicher Zurückhaltung – vor allem von Hellmut Becker, denn Helmuth Dolff war kein Pädagoge, kein Akademiker – ein enges Arbeits- und persönliches Verhältnis, das so intensiv war, daß schon manche böse Zungen von Beckers jungem Mann in Bonn sprachen.

Aber Helmuth Dolff bewahrte immer seine Selbständigkeit, entwickelte ein sicheres Selbstbewußtsein und setzte selber seine Arbeitsschwerpunkte. 1961 begann unsere engere Zusammenarbeit. 1963, als ich geschäftsführender Vorsitzender des DVV wurde, entstand aus uns ein festes Team, das von politischen Gegnern gefürchtet, von anderen erstaunt zur Kenntnis genommen und von einigen sogar bewundert wurde. Am Anfang jeder Woche, in der ich nicht nach Bonn kam, führten wir ein langes Telefongespräch und besprachen die wichtigsten Aufgaben der Woche. Vor allem steckten wir unsere Positionen ab, bildeten eine gemeinsame Meinung, verteilten unsere Rollen in der verbandlichen Arbeit und im bildungspolitischen Geschäft. Das war wichtig, denn vieles in der Entwicklung war neu. In der Diskussion um das Gutachten des deutschen Ausschusses entstand die »realistische Wende« mit ihren Konsequenzen nach innen und außen, es entwickelte sich das Zertifikatsystem, und die Pädagogische Arbeitsstelle gewann an Bedeutung und Gewicht. Eine wichtige Phase der Auslandsarbeit begann, in der Helmuth Dolff vor allem seinen Arbeitsschwerpunkt fand.

Aus der Zeit der freundlich-kollegialen Kontaktpflege vor allem mit den skandinavischen Ländern, mit Großbritannien und Österreich wurde eine konkrete Projektarbeit, besonders in den Entwicklungsländern. Helmuth Dolff institutionalisierte die Arbeit. Das Institut für Internationale Zusammenarbeit ist heute aus der Arbeit des Verbandes nicht mehr wegzudenken. Sein freundlich-verbindliches Wesen und seine guten englischen Sprachkenntnisse kamen Helmuth Dolff sehr zustatten.

Aber auch die innere Entwicklung war neu. Inhaltlich wurden von der Pädagogischen Arbeitsstelle verbindliche Lernziele entwickelt und mußten verbandlich durchgedrückt werden. Die Voraussetzung dafür war eine fortschreitende Professionalisierung, auch in den eigenen Verbandsinstituten. Verwaltungsrechtliche und arbeitsrechtliche Kompetenz wurde nun von dem Geschäftsführer, den wir nun als Verbandsdirektor bezeichneten, erwartet. Bei allem Interesse an der internationalen Arbeit interessierte sich aber Helmuth Dolff nie für zwei Bereiche, für Israel und für den Ostblock. Hier arbeiteten Walter Ebbighausen und ich zwar mit seiner stetigen institutionellen Unterstützung, aber ohne seine innere Beteiligung. Auch nachdem ich das Amt des Vorsitzenden abgegeben hatte und zum Ehrenvorsitzenden gewählt wurde, holte Helmuth Dolff noch ständig meinen Rat ein. Unser Verhältnis war fast enger als vorher, privater und persönlicher. Sein früher Tod 1983 hat mich schmerzlich getroffen.

Aus Zusammenarbeit und Kontakten mit Kollegen erwuchsen im Laufe der Jahre enge Freundschaften. Ich nenne Carl Tesch, der aus Tradition der Arbeiterbildung und der linken Sozialdemokratie kam und mit dem mich eine große Freundschaft verband; Josef Baudrexel, der aus der katholischen Jugendarbeit kam, ein Freund von Romano Guardini, ein ökumenischer Partner im Glauben; Günther Schulz, stark verbunden mit Literatur, Philosophie und Psychologie, immer auf der Suche nach dem Wesen des Menschen, ein Seelenfreund; Walter Mertineit, der Weltbürger aus Ostpreußen, immer offen, bereit, Neues, Überraschendes aufzugreifen; Horst Lerch, der sich als mein Schüler ansah und es wohl auch war, nicht nur in der gemeinsamen Verpflichtung der Sache gegenüber; Heinz Dähnhardt, ein nachbarlicher Partner in Schleswig-Holstein, ein Konservativer der 20er Jahre, voller Einfälle und Beziehungen, ein unersetzlicher Freund; zwei Freunde, die nur bedingt mit dem Beruf etwas zu tun haben, Johannes Eichmeier aus Rendsburg, Chefredakteur der Landeszeitung, 40 Jahre lang mein Gesprächspartner in Zustimmung und Korrektur, und Felix Jud, Buchhändler in Hamburg, ein unverwechselbares Original, voller Sensibilität und Schlagfertigkeit, ein wirklicher Mensch.

Meine berufliche Auffassung sah sich besonders in diesen Menschen bestätigt: Leben und Arbeiten vom Menschen aus. Ich hatte in meinem Berufsleben immer das Glück, Theorie und Praxis miteinander verbinden zu können. Mir scheint es mit dieser Beziehung ähnlich zu sein wie bei der Beziehung von Denken und Anschauung. Kant sagt: »Denken ohne Anschauung ist blind. Anschauung ohne Denken ist leer.« Für mich ist Praxis ohne Theorie, ohne Fundament eben schlechte Praxis. Aber auch Theorie ohne Praxis, ohne Anwendungs- und Erprobungsfeld ist leer. Meine beruflichen Funktionen gaben mir immer die Möglichkeit, theoretische Erkenntnisse in der Praxis anzuwenden, aber auch praktische Erfahrungen in Theorie umzusetzen. Bis heute habe ich einen engen Bezug zum Universitäts- und Hochschulbereich und kann in Vorlesungen und Seminaren theoretische Erkenntnisse weitergeben und publizieren. Dazu konnte ich einiges bei meinem wichtigsten akademischen Lehrer, Fritz Blättner, lernen. Er wurde ja, wie schon früher berichtet, 1946 Ordinarius für Pädagogik in Kiel. Sein Weg dorthin war schwer und voller Hindernisse. Fritz Blättner wuchs zusammen mit vier Geschwistern in einer verhärmten

Lehrerfamilie auf. Der Vater hatte als Bürge sein gesamtes Vermögen verloren. Nach dem Besuch der Realschule, nach der Lehrerbildungsanstalt in Kaiserslautern, wurde er mit 19 Jahren zunächst Lehrer an einer Volksschule und nach der zweiten Prüfung 1916 für einige Zeit Seminarassistent und Studienlehrer an einer Lehrerbildungsanstalt. Nebenher bereitet er sich auf das Abitur vor, das er als Externer, inzwischen 30jährig, nach arbeits- und entbehrungsreicher Zeit 1921 bestand. Im November 1921 wurde er vom Staat unter Fortzahlung der Bezüge beurlaubt, um studieren zu können. Er ging nach München, dann auf ein Zwischensemester nach Freiburg im Breisgau und studierte neben Philosophie und Pädagogik deutsche und romanische Philologie sowie Geschichte. 1924 promovierte er mit einer Arbeit zum Begriff des Elternrechts bei Alois Fischer (ein Jahr zuvor hatte Blättner mit einer Vorarbeit zu diesem Thema ein Preisausschreiben der Universität gewonnen). Im folgenden Jahr legte er das Staatsexamen in Deutsch und Geschichte ab und wurde Studienrat in Kaiserslautern. Ab 1927 beschäftigte sich Blättner zunehmend mit Fragen der wissenschaftlichen Pädagogik. Aufgrund einer kritischen Auseinandersetzung mit Kerschensteiner über den Bildungsbegriff in der Zeitschrift »Die Erziehung«, fand Blättner die Aufmerksamkeit der Universitätspädagogen. Durch Herman Nohls Vermittlung wurde er 1931 persönlicher Assistent bei Wilhelm Flitner in Hamburg. In dieser Zeit und in den Folgejahren kam er in engen Kontakt mit namhaften Pädagogen wie Nohl, Spranger, Litt und anderen und erstmals wohl auch mit Problemen der Erwachsenenbildung in Berührung. Von 1935 bis 1937 redigierte er als verantwortlicher Schriftleiter die Zeitschrift »Die Erziehung«, die mit Litt, Nohl und Spranger ein Gegengewicht zur herrschenden geistigen Diktatur darstellte. 1936 habilitierte er sich, wurde (als Angestellter, da politisch unzuverlässig) kommissarischer Dozent an der Hochschule für Lehrerbildung in Hamburg und 1942 Dozent am berufspädagogischen Institut. Wegen seiner kritischen Haltung dem Nationalsozialismus gegenüber wurde er in seiner akademischen Arbeit behindert, und es wurde ihm der von der Fakultät beantragte Professorentitel verweigert. Vom Sommer 1944 bis April 1946 leitet Blättner für eine Übergangszeit die Hamburger Volkshochschule, die zu der Zeit noch mit der Universität verbunden war. Am 1. April 1946 wurde Blättner als Professor für Pädagogik und

Psychologie an die Christian-Albrecht-Universität in Kiel berufen, wo er sich im Rahmen seines Lehrstuhls besonders auch der Erwachsenenbildung zuwendete.

Ich war von 1950 bis 1955 sein Assistent am Seminar für Erwachsenenbildung und danach Lehrbeauftragter für diesen Bereich an der Universität Kiel. Der schwere Weg war Fritz Blättner immer anzumerken. Er erschien immer als jemand, der endlich einen Klimmzug geschafft hatte. Nun war er oben. Aber das war für ihn auch Verpflichtung. Er nahm nichts leicht. Er war auch nicht witzig. Und er schien jedenfalls im Universitätsleben nie heiter. Dabei hielt er alle seine Vorlesungen in freier Rede. Seine Schüler lernten von ihm das freie, aber trotzdem inhaltlich und sprachlich kontrollierte Sprechen. In seinem Erinnerungsbuch schreibt er:»Ich hatte das große Glück, bis zum Ende meiner Lehrtätigkeit, das vier Jahre nach meiner Emeritierung 1963 durch eine schwere Erkrankung erzwungen wurde, mit einer Studentenschaft arbeiten zu dürfen, die voll Achtung vor ihren Lehrern dankbar war für alles, was diese ihnen zu geben vermochten. Ich bin meinerseits ihnen allen für diese Erfüllung meines Lehrererlebnisses immer dankbar. Bei einem Punkt bin ich mit den Studenten bis zuletzt allerdings nicht zufrieden gewesen: Als ich Professor geworden war, hörte das vorher so freie persönliche Verhältnis mit einem Schlage auf. Als Assistent, als ich Herr Doktor war, war ich einer von ihnen, und sie sprachen mir frei von allem, was sie bewegte. Dem Professor aber standen sie plötzlich anders gegenüber. Rudolf Walter Leonhardt spricht in dem Buch 'X-mal Deutschland' von der demütigen Unterwürfigkeit der deutschen Studenten ihren Lehrern gegenüber. Dieser Ausdruck ist nach meinen Erfahrungen zu stark. Aber ich muß sagen, daß ich unter der Unfreiheit im Gespräch der Studenten dauernd gelitten habe. Ich habe tausendmal versucht, einen freien Ton von Mann zu Mann anzuschlagen, aber ich mußte immer wieder bemerken, daß ich damit scheiterte. Als nach 1966 die Studentenrevolte mit Störungen und Anwendungen von Gewalt begann, war mir klar, daß dies bei der aktiven Minderheit der Umschlag war, der psychologisch zu erwarten war. Wir alle möchten hoffen, daß die jetzt eingetretene Mäßigung endlich zu jener Mitte führt zwischen Unfreiheit und Gewalttat, zu einem offenen sachgerichteten und vertrauensvollen Gesprächston, zu einem gleichen Mann-zu-Mann-Verhältnis.«

Er konnte wohl nicht wissen, daß ihm der freie Gesprächston, der »Mann-zu-Mann-Ton« nie gelungen war; nur selten bei seinen engsten Vertrauten, zu denen ich gehören durfte. Immer stand die endlich erreichte Ordinarienposition davor.

Später, besonders nach meinem Wechsel nach Hamburg, waren andere ältere Kollegen meine Partner im Gespräch, interessierte Begleiter meiner Arbeit und zugleich Helfer bei kritischer Korrektur. Alle waren ihrer geistigen Herkunft nach ähnlich und schlossen an meine Kieler Erfahrung an, Wilhelm Fitner, Hans Wenke, Ludwig Kiehn, Gottfried Hausmann. In der Arbeit selber wurden gerade im theoretischen Bereich meine Gefährten Partner, gelegentlich auch Kritiker. Hans Tietgens, Joachim H. Knoll, Jan-Peter Kob. Später Horst Siebert und Jörg Wollenberg.

Der erste Problemkreis, der mich schon von meiner Funktion am Seminar für Erwachsenenbildung in Kiel theoretisch interessierte, war: Universität, Wissenschaft und Erwachsenenbildung. Erstes Ergebnis war die kleine Schrift »Universität und Erwachsenenbildung in Schleswig-Holstein«. Besonders hat mich immer die Rolle der britischen und amerikanischen Universitäten in ihrem Verhältnis zur Erwachsenenbildung, besonders im Vergleich zur deutschen Universität beschäftigt. Auch über die Ergebnisse meines Nachdenkens für diesen Bereich habe ich schon berichtet. Zentrales Thema aber wurde die Gesamtproblematik für mein Buch »Die dritte Aufklärung«, das ich 1971 veröffentlichte. Zunächst ging es mir darum, das Verhältnis und die Wirkung der Aufklärung in ihren drei Phasen, von der bürgerlichen Aufklärung im 18. Jahrhundert bis zur Informationsüberflutung unserer Tage, zu beschreiben. Vor allem die Bedeutung der unbekannten Aufklärer wie Matthias Claudius, Justus Möser, die Patrioten, später Grundtvig und die Begründer der Arbeiterbildung bekanntzumachen.

Zweitens ging es mir um Formen und Methoden der Wissenschaftsvermittlung unter dem Stichwort »öffentliche Wissenschaft« und schließlich um die Rolle der Volkshochschule in einer Gesamthochschulkonzeption.

Der zweite Bereich meines theoretischen und praktischen Interesses war und ist bis heute die politische Bildung. Von der Zeitgeschichte über aktuelle Politik bis zur Philosophie der Macht habe ich die gesamte Vielfalt der Thematik in der pädagogischen Praxis behandelt. Zentrum meiner theoretischen Fragen waren »politische Bewußtseinsbildung« und das Verhältnis der politischen Bildung zur politischen Aktion. Beides hatte zu seiner Zeit aktuelle Bezüge. Bald nach der Gründung der Bundesrepublik entwickelte sich – nicht zuletzt durch die Regierung Adenauers – eine restaurativ-funktionale Tendenz. Das hatte gewiß auch seinen Grund. Demokratisches Verhalten mußte erst in unserem Volk eingeübt werden. So ging es uns bald um die Erziehung zum aktiven Demokraten.

Mein Kollege und Freund Fritz Borinski schrieb das Buch »Der Weg zum Mitbürger«, das erste Buch zur Erwachsenenbildung nach dem Krieg. Und Theodor Wilhelm, damals noch unter dem Namen Friedrich Oetinger, übertrug die politischen Positionen des Pragmatismus, das heißt vor allem die Lehre John Deweys auf deutsche Verhältnisse. In meiner Schrift »Politische Bewußtseinsbildung« wurde demgegenüber die Bedeutung von Macht und Konflikt in der Politik herausgearbeitet. Das Buch verwies am Schluß auf die Problemtik, die in der politischen Bildung ab Mitte 1960 eine Rolle spielte: Entwicklung, politische Erkenntnisse und Einsichten und die Aktion auf der Basis von Trauerarbeit und den daraus resultierenden Erfahrungen.

In der Auseinandersetzung um das Gutachten des Deutschen Ausschusses mußten die Volkshochschulen in Deutschland deutlicher zur Berufsbildung Stellung beziehen. Der DVV führte deshalb 1961 in Ingelheim eine Tagung zu diesem Thema durch, auf der ich als Vorsitzender des Pädagogischen Ausschusses das Hauptreferat hielt. In der Publikation des erweiterten Textes heißt es:

1. Berufsförderung muß aus der bisherigen Isolierung und Festlegung auf wenige Fächer gelöst werden. Die unmittelbare und mittelbare Berufsbezogenheit aller Sachgebiete im Gesamtarbeitsplan der Volkshochschulen muß untersucht und sichtbar gemacht werden.

2. Die Fächer, die der speziellen Berufsförderung für den Erwachsenen dienen, müssen auf ihre besondere Fachmethodik geprüft werden.

3. Die Volkshochschule muß sich, um die Aufgaben einer zeitgerechten Berufsförderung und Berufserhellung erfüllen zu können, selbst deutlicher als Schule für Erwachsene mit dem ihr eigentümlichen Stil und der ihr entsprechenden Arbeitsweise verstehen. Das sollte auch in der Ankündigung des Arbeitsplans zum Ausdruck kommen.

4. Unter diesem Gesichtspunkt müssen die Volkshochschulen überprüfen, ob es Möglichkeiten der Beurteilung für sachliche Lernleistung in der Volkshochschule gibt. Bisher haben die Volkshochschulen in Deutschland konsequent die Erteilung von Zeugnissen und Beurteilungen abgelehnt. Diese Ablehnung wurde mit der Freiwilligkeit des Besuches und der Freizügigkeit der Arbeitsweise begründet. Gewiß werden Volkshochschulen keine Berechtigungen erteilen können. Aber unsere Gesellschaft ist eine Leistungsgesellschaft. Selbstwertgefühl und Entwicklungsmöglichkeiten des Einzelnen werden an einer geistigen Leistung gemessen.

5. Alles schließlich drängt auf den letzten Punkt: die Lehrerfrage. Unzweifelhaft ist sie heute das Grundproblem der Volkshochschularbeit insgesamt. Die Volkshochschulen arbeiten seit ihrem Bestehen mit einer ungeheuren Anzahl nebenamtlicher und ehrenamtlicher Lehrkräfte. Nur in größeren Volkshochschulen sind die Leiter und gelegentlich ein oder zwei pädagogische Mitarbeiter hauptberuflich tätig. Die Volkshochschule wird aber ihre Aufgabe im deutschen Bildungswesen nur dann erfüllen können, wenn sie den Stamm der hauptamtlichen Mitarbeiter vermehren kann. Das bedeutet nicht, daß sie auf die nebenamtlichen Mitarbeiter verzichten will, im Gegenteil, das Wissensbedürfnis und Bildungsinteresse der westdeutschen Bevölkerung ist so groß, daß auch der Anteil der nebenamtlichen Mitarbeiter noch erheblich vermehrt, die Voraussetzungen für ihre Tätigkeit geistig und materiell wesentlich verbessert werden müssen. Wenn die berufsfördernden Kurse in den Volkshochschulen aus ihrer Isolierung gelöst, in eine sinnvolle Wechselbeziehung zur Gesamtarbeit gestellt werden und die Unterscheidung zwischen Ausbildung und Bildung überwunden werden soll, muß das besondere pädagogische Bemühen diesen Kursen gelten. Das bedeutet, daß alle Lehrer, die in solchen berufsfördernden Kursen tätig sind, in gemeinsamer Bemühung die Grenzen ihres Faches überschreiten und sich die Vielfältigkeit ihrer pädagogischen Aufgabe in einer Dienstleistungsgesellschaft deutlich machen. Der berufsfördernde Kurs erfordert fast mehr noch als alle anderen Kurstypen der Volkshochschule einen Lehrertyp besonderer Art, der nicht nur in der Lage ist, spezialistisch seine Sache gut an den Mann zu bringen, sondern der die gesamten Zusammenhänge des Gesellschafts- und Wirtschaftslebens im Hinblick auf seine Sache

reflektieren und den Menschen in die Gesamtzusammenhänge einführen kann. Erwachsenenbildung ist eine Aufgabe der Zukunft. Berufsfördernde Erwachsenenbildung legt in der Dienstleistungsgesellschaft das Fundament für morgen.

Damit wurde theoretisch das eingeleitet, was man als die »realistische Wende« bezeichnet. Von nun an rückte die Vermittlung von Fähigkeiten und der Beruf mehr und mehr ins Zentrum der Volkshochschularbeit bis zum Umschlag ins Funktionale. Mir schien deshalb auch eine kulturelle Wende erforderlich, und ich veröffentlichte das Buch »Erwachsenenbildung als kulturelle Aufgabe«. Die Erkenntnis erschien mir wichtig, daß die Volkshochschule ins Zentrum eines Kooperationsfeldes Kultur rücken mußte, eben in Kooperation mit Theater, Museen, Büchereien. Ausgangspunkt dafür war die Feststellung, die Walter Benjamin so formulierte: »Die zerstreute Masse versenkt das Kunstwerk in sich, umgekehrt, der vor dem Kunstwerk sich Sammelnde versenkt sich darin.« Das ist genau der Schnittpunkt, auf dem kulturelle Institutionen angesiedelt sind und entweder die Masse verfehlen oder den sich Sammelnden, wenn sie die Masse erreichen. Man kann die Situation nur als Dilemma beschreiben, als Theater- und Opernhäuser, Museen, Konzertsäle, Bibliotheken mit Auserlesenem entstanden, gab es noch keine Massen. Es gab die vielen Ausgeschlossenen, die aber noch nicht die Massen mit den Ansprüchen aus erkämpften Grundrechten darstellten oder durch den totalitären Staat erzwungene Teilnehmer waren. Das Massenzeitalter gab der Institutionalisierung der Kultur den besonderen Akzent. Das sollte zwar nicht organisiert, aber doch moderiert sein. Die Volkshochschulen konnten die geeigneten Stätten solcher Moderation sein. Sie vertraten die Vielfalt der kulturellen Bereiche im Angebot, wirkten auch in Großstädten meist durch Außenstellen oder Stadtbereichsstellen über das Stadtzentrum hinaus, bezogen also den Wohn- und Schlafraum der Bewohner außerhalb der City ein. Einer der zentralen Kooperationsaufgaben der Kulturinstitute als Element der Stadtentwicklung war es, die Stadtrandgebiete und vor allem die Neubaugebiete bewohnbar zu machen. Man wohnt aber erst, wenn durch Kultur das Haus, der Wohnbereich, einen Sinn bekommen hat.

An einer späteren Stelle meines Buches wird das Problem der Zeit behandelt, die für Bildung zur Verfügung steht: Um so mehr muß der schöpferische Umgang mit der Zeit eingeübt werden. Das ist zum Beispiel eine Aufgabe für den Urlaub, für die Bildungsreise, mehr noch für den Bildungsurlaub. Deshalb ist es falsch, den Bildungsurlaub auf berufliche und politische Bildung zu beschränken. Im Gegenteil, nur in der sinnvoll kultivierten Zeit kann sich auch Kultur entwickeln, Entfremdung durchbrochen werden. Hier lag die Aufgabe der Volkshochschulen, die wieder lernen mußten, daß auch das Spezialistische, das Fachbezogene durchbrochen werden muß, um aufs Allgemeine zu kommen, aufs Geistige, auf die gestaltete Verwirklichung des Lebens. Dazu gehört der zeitlich schöpferisch gestaltete Tag, Spiel und Sport als Elemente körperlicher Selbstverwirklichung, als körperlich-räumliches Lernen der Du-Erfahrung und des kreativen Schaffens, aber auch von Fest und Feier und der Anwendung des Gelernten.

Das verwies auf eine Problematik, die sich noch am Ende der Vollbeschäftigung verschärft darstellen sollte. Spätestens seit Jean Fourastiés Buch »Die 40 000 Stunden« wissen Berufssoziologen, daß bei der Beibehaltung der zeitlichen und inhaltlichen Arbeitsordnung etwa zehn Prozent der arbeitsfähigen Bevölkerung strukturell arbeitslos bleiben. Noch ist die Phantasie zur grundlegenden Änderung der Arbeitsordnung nicht hinreichend mobilisiert, um so wichtiger ist es, die Sinnfrage des Lebens neu zu stellen und zu beantworten. Der Sinn des Daseins kann in Gegenwart und Zukunft nicht mehr nur in Arbeit und Beruf liegen. »Tätig sein« umfaßt viele Bereiche. Gegenüber der vita activa wird die vita contemplativa zunehmend wichtiger. Aus der quantitativ verstandenen Freizeit muß Muße werden. Erst sie führt zur Übereinstimmung mit der Welt. Hier muß die Volkshochschule helfen.

Unversehens habe ich so auch mein Thema »Gestern und Heute« umrissen. Denn meine praktischen pädagogischen Aufgaben in Vorträgen und Seminaren sind Zentren meiner geistigen Tätigkeit. Basis dafür ist, was ich in einem Beitrag »Prinzipien der Erwachsenenbildung« 1961 im Handbuch für Erwachsenenbildung veröffentlicht habe: »Bildung ist daher nur sinnvoll, wenn sie das Unveränderliche am Menschen mit dem Zeitbezogenen polar verbindet und den Menschen befähigt, auf Herausforderungen der Zeit human zu reagieren. Deshalb gehört zur Aufgabe der Bildung auch die kritische Überlieferung, gehört das Einüben menschenwürdiger Verhaltensweisen, das Erhellen des Lebenshorizonts vor den Maßstäben der Geschichte, gehört das Erwecken der Entscheidungsfreiheit im Einzelnen und damit die Formung des Bewußtseins, gehört schließlich die immer wieder neu zu ertragene Erkenntnis, daß der Mensch immer in Wagnis gestellt ist und das Dilemma seines Lebens ertragen muß, das Erfolg und Scheitern gleichermaßen in sich birgt.

Alle diese Gedanken können in diesem Zusammenhang nicht vertieft werden. Hier geht es zunächst nur um die Klarstellung der Position, nämlich um die Gegenüberstellung eines Bildungsbegriffes, der sich ausschließlich an die Gesellschaft anpaßt und eines anderen, in dem Bildung als Grundbestand des Daseins empfunden wird, der, indem er die gesellschaftliche Situation des einzelnen Menschen erhellt, zugleich zur Veränderung der Gesellschaft beiträgt. In dieses Spannungsfeld ist die Erwachsenenbildung gestellt, und die Vielfalt ihrer Erscheinungsform ist unmittelbarer Ausdruck dafür, daß diese Spannung tatsächlich wirksam ist. Wir können uns bei diesen Erörterungen über Aufgabe und Prinzipien der Erwachsenenbildung nur einer Einrichtung der Erwachsenenbildung zuwenden, die keinesfalls eine Monopolstellung beanspruchen kann, immerhin in der Besonderheit ihrer Situation aber eine besondere Stellung in der deutschen Erwachsenenbildung innehat, der Volkshochschule. Sie selbst hat, das erklärt sich aus den am Anfang dargelegten Positionen, vielfältige Erscheinungsformen, so daß es sehr schwierig ist, für die Volkshochschule schlechthin Prinzipien und Aufgabenstellungen verbindlich darzustellen. Im Bildungsprozeß der Volkshochschule geht es, wie in jedem anderen Bildungsprozeß, um das Bezugsschema von Mensch und Sache. Abläufe, Entwicklungen, sachliche Erkenntnisse sollen dem Menschen sichtbar gemacht werden. Er soll sich mit ihnen auseinandersetzen, damit sie bei ihm Bewußtseinskategorien stiften, Kriterien formen, die den Menschen zu einem begründeten Urteil befähigen. Dennoch unterscheidet sich die Volkshochschule in ihrem Prinzip in mancherlei Hinsicht von den anderen Bildungseinrichtungen. Von der Schule dadurch, daß sie es mit erfahrenen und erwachsenen Menschen zu tun hat. Von der Universität dadurch, daß sie nicht einen Dienst an der Sache, sondern am Menschen leisten will. In der Volkshochschule also kommt der Mensch vor der Sache. Das hat aber nicht zur Folge, daß dadurch die Sache zweitrangig würde, sondern es bedarf geradezu umgekehrt der besonders intensiven Kenntnis der Sache, um sich von ihr so distanzieren zu können, daß ihre Bedeutung auf den Menschen hin sichtbar wird. Daraus nun wieder erwächst mittelbar ein Dienst an der Sache beziehungsweise an der sachlich fixierten Erkenntnis von Abläufen und Entwicklungen, indem nämlich das dauernde Durchdenken von Sachbezügen mit lebenserfahrenen Menschen die Sache wiederum neu erhellt. Somit werden im gemeinsamen Denkprozeß aller daran Beteiligten wissenschaftliche Zusammenhänge wieder im echten Sinne problematisch, das heißt philosophisch, und weisen über sich selbst hinaus ins allgemein Menschliche und ins Ewige. Solche Tätigkeit ist eine echte geistige Leistung, die in ihrem Rang nicht hinter der Leistung der Universität zurücksteht. Nur erfolgt sie in einem ganz anderen Bereich. Die Volkshochschule verfehlt also ihr Prinzip, wenn sich ihre Arbeit in zweckfreier Begegnung akademischer Belehrung oder Popularisierung von Wissenschaften auflöst.«

Was sind nun meine Themen Gestern und Heute? Hellmut Becker nennt die Sammlung seiner im letzten Lebensjahr erschienen Aufsätze »Widersprüche aushalten«. Seine autobiographischen Gespräche mit Fritjof Hoger tragen den Titel »Aufklärung als Beruf«. Beides würde auch auf meine thematischen Interessen, meine Arbeit darüber und, wie ich hoffe, meine Wirkung auf Menschen, die sich für meine Arbeit interessieren, zutreffen.

Ich habe mich immer für die Spannungen interessiert, in der Geistesgeschichte, in der Philosophie, in der Positionsbestimmung in der Gesellschaft. So hat mich in der antiken Philosophie die Spannung zwischen dem platonischen Subjektivismus und der aristotelischen Systematik gereizt. Im hohen Mittelalter der Gegensatz zwischen Franz von Assisi und Thomas von Aquin, im philosophischen Barock die Spannung zwischen dem Idealismus Leibniz' und dem Empirismus Lockes. Im 19. Jahrhundert die Spannung zwischen der Systemphilosophie Hegels und dem Subjektivismus Kierkegaards. Aber auch in der allgemeinen Geschichte die Entstehung des revolutionären Denkens im absolutistischen Staat, in Amerika dagegen die Spannung zwischen Aufklärung und Orthodoxie, die die ganze amerikanische Geschichte bis heute durchzieht. Und im Deutschland des 19. Jahrhunderts bürgerliches und antibürgerliches Denken. Und immer die großen Außenseiter: Sokrates, Lessing, Schopenhauer, Nietzsche, Kierkegaard aber auch die Entwicklung zum nationalsozialistischen Denken in den Spannungen der zwanziger Jahre. Kultur und Zivilisation, Gemeinschaft und Gesellschaft, Pazifismus und Ästhetisierung des Krieges.

Mein ganzes geistiges Leben wurde von der Literatur begleitet. In den letzten Jahren der Freiheit von organisatorischen Zwängen habe ich die gesamten Werke Lion Feuchtwangers, Thomas Manns und Joseph Roths gelesen. Auch die wichtigsten Nachkriegsautoren habe ich erneut gelesen: Hans Erich Nossack, Wolfgang Borchert, Heinrich Böll, Alfred Andersch, Wolfgang Koeppen, Stefan Heym. Was gibt es denn schon Neues zu lesen? Und in meinem philosophisches Denken hat mich immer die Existenzphilosophie begleitet. Hier sind wieder die Spannungen, die bei aller kritischen Auseinandersetzung mit der Wirklichkeit und der Welt auf Sinnerfüllung drängten. Bei Albert Camus, der die Absurdität, das Unvereinbare in dieser Welt entdeckt, heißt es im »Sisyphos«: »Mythen sind dazu da, von der Phantasie belebt zu werden. So sehen wir nur, wie ein angespannter Körper sich anstrengt, den gewaltigen Stein fortzubewegen, ihn hinaufzuwälzen und mit ihm immer wieder und wieder einen Abhang zu erklimmen. Wir sehen das verzerrte Gesicht, die Wange, die sich an den Stein schmiegt, sehen, wie eine Schulter sich gegen den erdbedeckten Koloß legt, wie ein Fuß ihn stemmt und der Arm die Bewegung aufnimmt. Wir erleben die ganze menschliche Selbstsicherheit zweier erdbeschmutzter Hände. Schließlich ist nach dieser langen Anstrengung, gemessen an einem Zeitraum, der keinen Himmel und in einer Zeit, die keine Tiefe kennt, das Ziel erreicht. Und nun sieht Sisyphos, wie der Stein im Nu in jene Tiefe rollt, aus der er ihn wieder auf den Gipfel wälzen muß. Er geht in die Ebene hinunter. Auf diesem Rückweg, während dieser Pause, interessiert mich Sisyphos: Ein Gesicht, das sich so nahe am Stein abmüht, ist selber bereits Stein. Ich sehe, wie dieser Mann schwerfälligen, aber gleichmäßigen Schritts zu der Qual hinuntergeht, deren Ende er nicht kennt. Diese Stunde, die gleichsam ein Aufatmen ist und ebenso zuverlässig wiederkehrt wie sein Unheil, ist die Stunde des Bewußtseins. In diesen Augenblicken, in denen er den Gipfel verläßt und allmählich in die Höhlen der Götter entschwindet, ist er seinem Schicksal überlegen. Er ist stärker als sein Fels.«

Erst im letzten Jahr habe ich Martin Heidegger für mich entdeckt. Rüdiger Safranskis Biographie »Ein Meister aus Deutschland« half mir dabei. Sie erinnert an Paul Celan, mit dem Heidegger im letzten Jahr vor Celans Tod zusammentraf. Wie heißt es in der Wiederholstrophe seiner »Todesfuge«, »der Tod ist ein Meister aus Deutschland«.

Die spannendste Stelle in dieser Biographie ist die Beschreibung der Kontroverse zwischen Martin Heidegger und Ernst Cassirer 1929 in Davos. Ernst Cassirer war einer der bedeutendsten Gelehrten, die je an der Hamburger Universität lehrten. Und er war der erste jüdische Rektor einer Universität. Kulturphilosophie war sein durchgängiges Thema in Hamburg. Natürlich mußte er 1933 emigrieren. Aus Amerika hinterließ er ein fundamentales Werk mit dem Titel »Was ist der Mensch?« Safranski berichtet über den Höhepunkt der Davoser Diskussion: »Auf dem Höhepunkt der Kontroverse fragt Heidegger, wie weit hat die Philosophie die Aufgabe, frei werden zu lassen von der Angst? Oder hat sie nicht die Aufgabe, den Menschen gerade radikal der Angst auszuliefern?«

Seine eigene Antwort hat Heidegger schon gegeben. Die Philosophie hat den Menschen zuerst einmal einen Schrecken einzujagen, um ihn zurückzuzwingen in jene Unbehaustheit, aus der er stets aufs neue die Flucht in die Kultur antritt. Cassirer aber bekennt sich in seiner Antwort zu seinem Kulturidealismus. Daß der Mensch die Kultur schaffen könne, ist das Siegel seiner Unendlichkeit. Ich möchte, daß der Sinn das Ziel, in der Tat die Befreiung in diesem Sinne ist. Werft die Angst des Irdischen von euch. Cassirer geht es um die Kunst des Wohnens in der Welt, Heidegger aber will den Boden zu einem Abgrund machen.

Da ist sie wieder, die Spannung zwischen dem Wohnen in der Kultur und dem Abgrund. Aber taucht man aus diesem Abgrund auf? Einer der Kenner sowohl von Cassirer als auch Heidegger, Otto Friedrich Bollnow, schrieb um das Jahr 1956 sinngemäß über das Verhältnis des Menschen zur Zeit in seinem Buch »Neue Geborgenheit«: »Dankbarkeit gegenüber der Vergangenheit, vertrauensvoll gegenüber der Gegenwart, voll Hoffnung auf die Zukunft« oder, wie es bildhafter die Legende Martin Luther zuschreibt, »und wenn ich wüßte, daß morgen die Welt untergeht, würde ich heute meine Schulden bezahlen und ein Apfelbäumchen pflanzen.«

Stets bleibt der Anspruch der Aufklärung eine immerwährende Aufforderung für mich zu neuem Vertrauen, neuer Hoffnung und neuem Zweifel. Denn bei Kant habe ich gelernt, was auch mein berufliches Lebensmotto sein könnte: »Freiheit der Aufklärung ist, von seiner Vernunft in allen Stücken öffentlichen Gebrauch zu machen.«

Aber wichtiger ist und bleibt mir die Zustimmung zur Welt, das große Ja zum Leben bei ebenso begründetem kritischem Aber. Deshalb schließe ich diesen Lebensbericht, hoffentlich die vorläufige Bilanz, mit den Zeilen Dietrich Bonhoeffers aus dem Gefängnis, wenige Monate vor seiner Hinrichtung: »*Von guten Mächten wunderbar geborgen, erwarten wir getrost, was kommen mag. Gott ist mit uns am Abend und am Morgen und ganz gewiß an jedem neuen Tag.*«

Nachwort

I.

In diesem autobiographischen Buch hat Kurt Meissner über Begegnungen und Erfahrungen aus sieben Jahrzehnten berichtet. Der Titel »Vom Menschen aus« trifft den Kern seines Wesens, seines Denkens und seines Handelns: Kurt Meissner hat eine besondere Begabung für Menschen, für sein Gegenüber. Sein Sinn für Menschen, seine Freude am Anderen, am Andersdenkenden, am Gespräch und am Dialog waren und sind seine große Stärke. Er hat Verbindungen geknüpft, Menschen zusammengeführt, er hat viele Freunde.

Wenn ein Mann mit diesen Eigenschaften und Fähigkeiten am Ende des siebten Lebensjahrzehnts zur Feder greift und auf sein Leben zurückblickt, dann darf man sicher sein, daß sich im Menschlichen auch die Geschichte dieser Jahre und die Entwicklung dieser Gesellschaft widerspiegeln. Da Kurt Meissner und ich fast genau auf Jahr und Tag das gleiche Alter haben, finden sich auf den Stationen unserer Lebenswege viele Parallelen. Dabei gab es für uns einen wichtigen Augangspunkt: der gemeinsame Wille, nach den Jahren des Krieges und den Erfahrungen in der Unfreiheit der Diktatur die ethischen, politischen und kulturellen Grundlagen für eine neue demokratische Gesellschaft zu schaffen und sich zugleich des eigenen Standorts zu vergewissern.

Das Entscheidende, was Menschen verbindet, ist die Art, wie sie auf Erfahrungen und Erlebnisse antworten. Kurt Meissner und ich hatten für die Politik viele gemeinsame Antworten. Wir sind Freunde geworden.

II.

Die Zahl der Menschen, die sich durch ihre Lebensgeschichte und durch ihr öffentliches Eintreten konsequent für die als richtig erkannte Sache einsetzen, ist nicht allzugroß. Aber Kurt Meissner zählt zu dieser Gruppe. Bei ihm hat sich eine Identität von Person und Beruf in besonderer Weise ausgeprägt. Man gewinnt den Eindruck, daß er von Anfang an das Ziel hatte, in der Erwachsenenbildung zu arbeiten. Theorie und Praxis waren dabei stets eng miteinander verbunden. Kurt Meissner hat, wie er es einmal formulierte, seine Arbeit auf der Bank der Praktiker, aber mit einem Klappstuhl bei der Theorie getan. In Goethes *Wilhelm Meister* lesen wir: »Handeln ist leicht, denken ist schwer; nach dem Gedanken handeln unbequem.« Daß Kurt Meissner »nach dem Gedanken« gehandelt hat, daß Theorie und Praxis bei ihm immer zwei Seiten derselben Medaille waren, mag der Blick auf einige seiner Grundpositionen zeigen.

III.

Schon 1955 stellt Kurt Meissner fest, daß trotz aller bisherigen Anstrengungen der Volkshochschulen »die Frage nach dem Bildungsziel der mitbürgerlichen Bildung offengeblieben« ist. In dem Bewußtsein, daß die »Volksbildung ein Kind der Aufklärung« ist, hat er konsequent die Position vertreten, daß die »politische Bewußtseinsbildung ... zum Kern der Bildungsarbeit ... in der freien Erwachsenenbildung« gehört. Politische Bildungsarbeit hat nicht nur die Apparate von Staat, Wirtschaft und Gesellschaft durchsichtig und damit verständlich zu machen. Der Volkshochschule erwächst vielmehr die »bedeutsame Aufgabe der Mithilfe an der Selbstdisziplinierung der Gesellschaft und in der Anerkennung der existenziellen Bedeutung des Staates zugleich die Mithilfe an dessen Beschränkung«. Die Verbindung von kritischer Aufklärung mit Toleranz und entschiedenem Engagement – dafür hat sich Kurt Meissner stets eingesetzt.
Eine weitere wichtige Aufgabe sah er darin, den aus der klassischen deutschen Bildungstradition überkommenen Gegensatz zwischen Bildung und Ausbildung zu überwinden. Ihm ging es um eine integrative

Bildung, in der politische, allgemeine, kulturelle und berufliche Komponenten zusammengeführt werden. Er hat maßgeblich daran mitgewirkt, daß in einem gründlichen Diskussionsprozeß die ursprünglichen Vorbehalte innerhalb der Volkshochschulen gegenüber der berufsbezogenen Bildung überwunden wurden und 1961 die sogenannte »realistische Wende« vollzogen werden konnte.

Mit besonderem Engagement ist Kurt Meissner den Fragen der kulturellen Bildung nachgegangen. Es ist der Blick auf die Ganzheit des Menschen, auf die Bedeutung des Spiels im Sinne der »ästhetischen Erziehung« Friedrich Schillers, die Förderung der Phantasie, kurzum: das Lernziel »Leben«, das ihn veranlaßt hat, sich mit der kulturellen Aufgabe der Volkshochschulen auseinanderzusetzen. Diese Aufgabe steht für ihn »senkrecht zu den bisherigen Aufgaben«, »das musische Element gibt dem Leben eine neue Dichte«. Als Professor an der Hochschule für Musik und Darstellende Kunst in Hamburg konnte Kurt Meissner diese Gedanken auch der nachwachsenden Generation vermitteln.

Kurt Meissner hat sich als Leiter der Heimvolkshochschule Rendsburg mit dem »Strukturwandel des Dorfes« und als Direktor der Hamburger Volkshochschule mit der Großstadt auseinandergesetzt. Die Erfahrung aus beiden Umfeldern seiner Arbeit, eben Stadt und Land, hat seine Arbeit für die Volkshochschulen bereichert: Hier die Prägung durch die skandinavische Tradition der Heimvolkshochschule und die Beschäftigung mit den Fragen der Landbevölkerung; dort die Vielfalt der Großstadt mit ihren komplexen Strukturen. Hier die Nähe und der enge Bekanntenkreis der Teilnehmer; dort die Wirkung der Volkshochschularbeit in eine pluralistische und oft auch anonyme Bevölkerung hinein. Und dennoch: *eine* Gesellschaft im Spannungsfeld von Tradion und Fortschritt, *eine* Gesellschaft mit ihrem »cultural lag«, dem Auseinanderklaffen von Bewußtsein und Realität, das zu überwinden vorrangige Aufgabe der Erwachsenenbildung sein sollte. Als Kommunalpolitiker und als Kommunalwissenschaftler konnte ich einem Satz mit besonderem Nachdruck zustimmen: »Die Stadt der Zukunft ist die lernende Stadt im doppelten Sinne: Indem ihre Bürger Gelegenheit haben und Breitschaft zeigen, lebenslang zu lernen – zugleich aber indem sie Gelerntes und immer wieder neu Gelerntes korrigierend anwenden.«

Kurt Meissner ist ein evangelischer Christ, der sich als Vorsitzender der Kirchenkreissynode Alt-Hamburg und als Vizepräsident der Synode Nordelbien auch in der kirchlichen Laienarbeit engagiert hat. Von dieser Überzeugung her weist er – unabhängig von Konfessionen und Religionen – der religiösen Aufgabe auch im Rahmen einer pluralistischen Erwachsenenbildung entscheidende Bedeutung zu. Dies geschieht in der Erkenntnis, daß in unserer Zeit nur das Bewußtsein, in einer höheren Verantwortung zu stehen, angesichts der großen ungelösten Fragen der Menschheit Gewissenentscheidungen zu bestimmen vermag.

IV.

Ein Arbeitsleben, das sich mit dieser Intensität und Kontinuität einer Sache verschrieben hat, muß eine breite Wirkung haben. »Bildung in dieser Welt ist niemals abgeschlossen« – das ist die grundlegende Überzeugung, die hinter allen Analysen, Gedanken und Vorschlägen steht, die Kurt Meissner in den Jahrzehnten seines Wirkens für die Volkshochschule formuliert und umgesetzt hat. Er hat Profil und Konzeption der Volkshochschulen entscheidend mitgeprägt. Die Erwachsenenbildung war und ist seine Lebensaufgabe. Um sie und insbesondere um die Volkshochschulen hat er sich verdient gemacht. Kurt Meissner hat einmal gesagt: »Muße charakterisiert unser Verhältnis zur Zeit: Dankbarkeit gegenüber der Vergangenheit – Vertrauen gegenüber der Gegenwart – Hoffnung gegenüber der Zukunft.« Das ist eine produktive Muße, und danach hat Kurt Meissner seit seinem Ausscheiden aus der aktiven Berufsarbeit gehandelt. Er blieb tätig und brachte seinen Rat und seine Ideen auch weiterhin in die Erwachsenenbildung ein. Und er schrieb dieses Buch als eine Bilanz des eigenen Lebens, als ein Stück Geschichte der Volkshochschulen und – »vom Menschen aus« – als nachdenkliche Anregung für die Leser und nicht zuletzt für seine Freunde.

Dieter Sauberzweig

Rudi Rohlmann

Im Dienst der Volksbildung

Dienstleistungen und Politik für die Volkshochschulen in Hessen in den Jahren 1945–1989

Broschur, 682 Seiten
DM 72,– / öS 562,– / sFr 74,40
ISBN 3-7638-0164-2

»Rudi Rohlmann – einer der einflußreichsten und verläßlichsten
Vorkämpfer der Erwachsenenbildung nicht nur in Hessen – hat in
der vorliegenden Arbeit eine Vielzahl von Informationen und Fak-
ten zugänglich gemacht, die bisher sogar Insidern kaum verfügbar
waren. Er greift zurück auf seine umfassende Erfahrung und sein
überquellendes Privatarchiv. Dabei zeigt er detailliert die Entwicklung vor allem der Volkshochschularbeit von den Anfängen der
Verbandstätigkeit in den Jahren von 1945 bis 1952, über die
Aufbauphase (1953–1959), die Anerkennung und erste Planung
(1960–1968), den Umbruch und die Verrechtlichung (1969–1978)
bis zur Entwicklungsplanung und Konsolidierung (1979–1989).
Daneben beschreibt er die Arbeit der HVV-Verbandsgeschäftsstel-
le als wissenschaftliches Dienstleistungsinstitut, die Tätigkeit des
Hessischen Landeskuratoriums für Erwachsenenbildung, die Diskussionen der 'Frankfurter Gespräche zur Erwachsenenbildung'
sowie die Landesarbeitsgemeinschaften 'Arbeit und Leben' und
'Erwachsenenbildung im Strafvollzug'. Dies wird einbezogen in die
Entwicklung im Deutschen Volkshochschul-Verband und bezogen
auf mögliche weitere Entwicklungen.« Literatur- und Forschungs-
report Weiterbildung, Juni 1993

dipa-Verlag, Nassauer Straße 1–3, 60439 Frankfurt am Main

Georg Peez

»Ich möchte Nebel malen lernen«

Theorieelemente erfahrungsoffenen Lernens in der kunstpädagogischen Erwachsenenbildung

Broschur, 264 Seiten
DM 42,– / öS 328,– / sFr 43,30
ISBN 3-7638-0330-0

»Für jeden, der in irgendeiner Weise in die kunstpädagogische Erwachsenenbildung einbezogen ist, der nach Erfahrungen fragt, die andere schon gemacht haben, der Anregungen für die Entwicklung eines eigenen Konzeptes benötigt, der wissen will, welche sozialen Bedingungen und psychologischen Besonderheiten dabei berücksichtigt werden sollten, welche Methoden und Arbeitsweisen in der kunstpädagogischen Erwachsenenbildung angebracht sind, wer Aufschlüsse über die Motivationen, Erfahrungs- und Lernbedürfnisse der Kursteilnehmer braucht und Hinweise zur Bewertung ihrer bildnerischen Leistungen – für den wird das Buch ein unentbehrliches Arbeitsinstrument.« Kunst + Unterricht, Heft 186/1994

»Das vorliegende Buch ist überraschend handlungsorientiert. Georg Peez verarbeitet 15 Jahre berufliche Praxiserfahrung in der kunstpädagogischen Erwachsenenbildung.« Freizeitpädagogik 16 (1994)

»Der Abschnitt über den schrittweisen Abbau der Leiterzentrierung in der Kursorganisation (...) hat mich an meine eigenen Versuche in der kunstpädagogischen Erwachsenenbildung erinnert, und ich habe bedauert, daß es ein Buch wie dieses nicht schon damals gegeben hat. Es hätte mir sehr geholfen.« Wolfgang Legler in: BDK-MITTEILUNGEN 1/95

dipa-Verlag, Nassauer Straße 1–3, 60439 Frankfurt am Main

Wolfgang Hinte / Otmar Preuß / Bernd Sensenschmidt

Vertrauen überwindet Angst

Beiträge zur Entlastung vom
Erziehungsanspruch

Broschur, 156 Seiten
DM 36,– / öS 281,– / sFr 37,20
ISBN 3-7638-0339-4

Im Zusammenhang mit der Zunahme rechtsextremistischer Gewalt geriet auch die Pädagogik und die im Gefolge der 68-Bewegung praktizierte »antiautoritäre Erziehung« ins Kreuzfeuer der Kritik. Die Kritik kulminiert in dem Vorwurf, daß durch eine verfehlte Zielsetzung in pädagogischen Bereichen die sichtbar gewordene Gewalt in der Gesellschaft erst möglich geworden sei. Das vor allem von konservativer Seite konstatierte Scheitern der Pädagogik geht dabei mit einer resignativen Grundstimmung bei vielen Pädagoginnen und Pädagogen einher, dem sogenannten Burnout-Syndrom.
Die Untersuchungen der Autoren widmen sich deshalb folgerichtig diesen beiden Erscheinungsformen pädagogischer Realität. Ihr analytisches Handwerkszeug entnehmen sie dabei antipädagogischen Denkweisen, die sie mit den zu beobachtenden Defiziten zeitgenössischer »Erziehungsarbeit« konfrontieren.

dipa-Verlag, Nassauer Straße 1–3, 60439 Frankfurt am Main

Thomas Dick

Das Alltagsbewußtsein als Erziehungs- und Bildungsproblem

Zur Begründung von Selbsterziehung in der Erwachsenenbildung

Broschur, 200 Seiten
DM 38,00 / öS 297,– / sFr 39,20
ISBN 3-7638-0347-5

»Bei Pestalozzi findet sich die grundlegende Aussage, daß der Mensch als das Resultat von drei Kräften anzusehen sei: der Natur, der Gesellschaft und seiner selbst. Über die Naturkomponente besteht weitgehende Einigkeit, und die Anerkennung der prägenden Gesellschaftskräfte basiert auf den unwiderleglichen Resultaten der Sozialforschung. Sehr wenig ausgeführt ist bisher dagegen der dritte Bereich, wie der Mensch zugleich auch das Werk seiner selbst sei. Angesichts der zahlreichen bereitgestellten empirischen Sozialdaten geht die Neigung eher dahin, die zweifellos gewaltigen Einflüsse der Sozietät als unwiderlegbar hervorzuheben und die Bewegungsmöglichkeit des Subjekts entsprechend herabzusetzen.
In dieser Situation ist es sehr anerkennenswert, daß Thomas Dick mit dem Begriff Selbsterziehung die pädagogische Diskussion auf neue Felder verweist, damit das Subjekt in der Gefahr beständiger Außenlenkung zu sich selbst eine Distanz herzustellen vermag, die Überfülle der Geschehnisse reflektiert und Konsequenzen zieht.« *Aus dem Vorwort von Hans-Jochen Gamm*

dipa-Verlag, Nassauer Straße 1–3, 60439 Frankfurt am Main